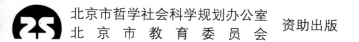

北京市哲学社会科学规划办公室
北京市教育委员会 资助出版

北京产业安全与发展研究报告

2015

北京产业安全与发展研究基地 编

社会科学文献出版社
SOCIAL SCIENCES ACADEMIC PRESS (CHINA)

《北京产业安全与发展研究报告(2015)》
编委会

主　编　李文兴　卜　伟

编　委　（按姓氏拼音排序）

　　　　　卜　伟　陈芬菲　段建强　段建宇　冯　华

　　　　　关晓兰　李文兴　马文军　任　旭　佟　琼

　　　　　张　娜　赵　坚

摘　要

　　本书以《北京市国民经济和社会发展第十三个五年规划纲要》为指导，紧密围绕北京市产业安全与发展中的现实问题进行理论和实证分析，以及前沿性、专业性、基础性和交叉性研究，旨在为产业安全与发展相关政府部门提供决策服务和智力支持。本书从产业的横向分布视角对北京市产业安全与发展问题进行了全面深入的探讨，共分为六章，分别是我国物流产业安全指数设计与实证、北京市会展经济发展问题及对策研究、北京市电子信息产业升级研究、北京市顺义空港城现代服务业发展对策研究、京津冀地区金融发展与产业升级研究、GVC下京津冀制造业升级路径研究。

　　本书的研究成果可为北京市开展产业安全评价工作、及时准确地进行产业安全预警和产业安全防范及控制相关风险、制定产业政策与战略提供决策参考。

前　言

　　北京交通大学北京产业安全与发展研究基地（以下简称研究基地）成立于 2010 年 12 月，依托北京交通大学经济管理学院、中国产业安全研究中心和北京交通大学中国产业安全研究中心博士后科研工作站，首席专家为李文兴教授，负责人为卜伟教授。研究基地自成立以来，在北京市教委、北京市哲学社会科学规划办公室及北京交通大学领导的关怀和支持下，确定了"面向首都经济建设"的总体定位，充分利用首都的研究力量和资源优势，牢牢把握产业研究这一方向，紧紧围绕北京市及国家经济社会发展的重大战略需求这一导向，时刻谨记服务于产业发展及安全这一宗旨，以"产业安全和产业发展"为研究重点，以"北京产业安全与产业发展"为研究核心，以"产业安全评价与产业发展政策"为研究特色，内外兼修，注重内涵建设，着重提升创新力、服务能力及国际影响力，通过联合共建、协同攻关的模式，积极构筑科技协同创新机制，产生了一系列具有高度社会影响力和重大学术价值的标志性成果。研究基地在人才培养、学术交流、基地建设、咨询服务以及科研体制管理等方面也取得了卓著成效。

研究基地本着服务于产业发展及安全的宗旨，突出研究特色，充分发挥基地优势，不断加强与北京市相关政府部门，以及国家发改委、科技部等国家部委和其他研究机构的合作，提高研究成果转化和参与政府决策的能力。目前，研究基地的多项研究成果或政策建议受到国家领导人和北京市、国家部委领导的批示采用，充分发挥了决策咨询思想库的重要作用。

研究基地优化基地管理机制，改善基地研究环境，积极进行跨学科交流与跨部门行业协作，将政、产、学、研相结合，以达到促进产业发展、提高产业安全研究水平、服务首都经济建设的重大目的。研究基地依据优势资源，承担了一系列研究项目，带动了科研课题的增加，对课题研究起到了积极的孵化作用。此外，研究基地成功举办了四届中国产业安全论坛，该论坛已经成为一个回望国家产业政策、分析国际国内经济形势、洞悉未来产业发展方向的重要平台。研究基地通过承担课题和进行交流活动，提高了科研人员的能力，拓宽了专兼职研究队伍的视野，不断输出研究成果，扩大了研究基地在国内及国际的影响力。在这个过程中，北京交通大学与国家部委、北京市相关政府部门和企业建立了良好的合作关系，为研究基地继续服务于北京市的经济社会发展奠定了良好基础，积累了宝贵经验。

本研究报告是北京产业安全与发展研究基地出版的系列专题研究报告，主要收录了研究基地专家承担的北京市哲学社会科学规划项目成果。本研究报告由研究基地首席专家李文兴教授和负责人卜伟教授担任主编，由研究基地专家共同完成。各章分工如下：第一章由郑凯撰写；第二章由卜伟和王蕾撰写；第三章由倪栩东和张美晨撰写；第四章由卜伟和任玉洁撰写；第五章由陈芬菲博士撰写；第六章由夏荡和张美晨撰写。

本书的出版得到了北京市哲学社会科学规划办公室和北京市教育委员会的资助，也得到了北京交通大学人文社科处、中国产业安全研究中心、北京交通大学经济管理学院领导和相关单位的关心与支持，凝聚了研究基地专家的辛勤劳动，在此表示衷心感谢。

由于我们的水平有限，书中难免有疏漏之处，恳请各位专家和读者批评指正。

李文兴

2016 年 7 月

目　录

1

我国物流产业安全指数设计与实证

1.1 引言

安全是人类社会永恒的主题，国家安全是任何一个主权国家的最高利益和目标。冷战结束后，国家安全已从政治和军事的传统领域扩大到以经济安全为核心的新领域。其中，产业安全是经济安全的基础，是国家制定产业政策、实行经济干预的最基本出发点。2015年7月颁布的《中华人民共和国国家安全法》中指出，"保障关系国民经济命脉的重要行业和关键领域、重点产业、重大基础设施和重大建设项目以及其他重大经济利益安全"是维护国家安全的重要任务。因此，从产业安全的视角出发，全面分析、梳理国民经济重点产业的问题与挑战，提出切实的发展对策，具有重要的现实意义。

2014年10月，国务院印发《物流业发展中长期规划（2014~2020年）》，部署加快现代物流业发展，建立和完善现代物流服务体系，提升物流业发展水平，为全面建成小康社会提供物流服务保障。虽然我国物流产业发展迅速并取得了一定的成绩，但是不可否认，我国物流产业发展仍然存在很多不足，面临许多问题。近年来，国内外各方面因素都对物流产业的安全构成了威胁。从国际角度看，自金融危机后经济安全问题备受世界各国关注，并逐渐被纳入国家战略安全范畴。随着世界经济的迅速发展，中国对国际市场的依存度逐渐提高。从国内环境看，随着中国经济的发展，我国物流产业在物流基础设施建设、物流产业产出等方面取得了巨大成就。然而，我国物流产业在快速发展的同时，也因产业结构、能源结构、区域发展不平衡和资源整合机制缺失等因素而面临成本高、效率低、环节多等问题。因此，十分有必要建立并完善一个综合性、定量化、动态化、连续化、可操作的评价体系，对我国的物流产业安全程度进行科学评价与监控预警。

基于以上分析，本章将基于产业安全理论，从产业适应力、竞争力与控制力三个角度建立指标体系，合成产业安全评价指数进行综合评价，再利用景气分析方法，从影响物流产业安全的内部与外部因素中遴选出物流产业安全的先行指标，进而合成物流产业安全先行指数来反映我国物流产业的安全状况及变化趋势。

1.2 文献回顾

国外对产业安全的研究主要从属于国际贸易领域，主要研究产业的国际竞争力和外商投资对产业安全的影响，但对物流产业的安全问题研究较少，并且我国的物流产业安全有其独有的特征，其安全问题涉及诸多因素。

从现有文献看，我国对产业安全理论的研究内容主要集中在对产业安全的概念界定及维护产业安全的政策方面，也有学者侧重于产业安全影响因素的分析，还有的学者构建了评价产业安全的指标体系，对我国的产业安全度进行定量分析和研究，但总的来说，国内对产业安全的研究仍处于初级阶段。从产业分类来看，对产业安全问题的研究多集中于制造业和重工业，而物流产业作为一个相对新兴的产业，其研究还处于起步阶段。

李孟刚（2007）较早地界定了物流产业安全的概念，阐述了现代物流产业安全的特殊性，并依据产业经济学理论给出了评价模型。蒋志敏等（2008）提出物流产业发展安全就是物流产业价值或市场份额的不断提高、物流技术的不断创新以及物流产业的赶超不受威胁的状态。荆林波和吕萍（2008）认为物流产业安全不能仅仅从投资规模的角度来考虑，还要从产业竞争力、产业控制力乃至国民产业权益等不同角度来衡量。蔡进（2008）认为"物流行业产业损害预警系统"的建立是十分必要和重要的，物流作为服务业在该行业的发展已经占据一定地位，物流市场的对外开放以及外资进入我国物流行业都需要我国尽快调整策略，积极应对。袁平红和杨静（2010）从物流产业的微观主体——企业的层面出发，将物流产业安全定义为开放经济条件下，以国有物流企业和民营物流企业为主体的物流企业，能够持久有效地和国际物流企业进行竞争，持续稳定地服务于整个国民经济。刘伯超（2014）认为物流产业安全由产业生存安全、发展安全和占领安全构成，并总结了物流产业的独有特征，基于以上界定利用层次分析法构建了评价体系，并提出了一系列维护物流产业安全的建议。

然而，目前关于产业安全体系的研究相对较丰富，但对物流产业安全评价的研究还存在一些问题，主要体现在以下几个方面。

　　一是既有评价方法的指标过于理论化，没有考虑数据的可得性。目前学者对物流产业安全评价方法的研究更偏重理论研究，主要是建立了理论的指标体系，评价的最终目的是要能实现对现有物流产业安全给出一个可衡量的指标，而现有的指标体系基本没有考虑数据的可得性。

　　二是既有评价结果没有考虑指数化的需要。指数化主要体现在三个方面。①将各指标进行合成，生成一个整体数据。②连续性。目前的物流产业安全评价方法多是系统的评价体系，包含多个层面的多种因素，体系本身十分庞大复杂，体系的可操作性非常弱，很难利用体系得出一个结论，同时得出的计算结果是一组数据，每个数据反映一项指标的情况，无法对产业安全的整体进行评价。此外，目前的产业安全评价体系采用的评价方法是，某一年的评价结果需要之前几年的数据，每一次评价都要对之前的数据进行更改，不能实现评价的连续性。③没有考虑指标的主观性评价标准。目前的评价体系都是根据数据本身进行标准值的设定，将最高的指标定为标准值的满分，最低的定为标准值的零分，如果进行一次性评价这是没有问题的，但是要进行指数化就会出现问题。随着时间的变化，峰值也会变化，因此只能将标准重新更改，这样会严重影响指数的严肃性，而要想更好地实现产业安全的评价与预警，就必须将评价结果进行指数化。

　　三是既有研究集中于产业安全评价，缺少产业安全预警。目前学者对物流产业安全的研究大多集中在产业安全的评价上，通过对评价结果追溯不安全因素，进而做出调整，属于被动调整。但是对于产业安全而言，如果要保证产业的安全，就应该提前对产业的走势进行预警，从而提前采取应对措施，做到主动控制，防患于未然。

1.3 物流产业安全观

1.3.1 物流产业安全的界定

综合既有学者的研究，本章选用如下定义：物流产业安全是指一国自主物流产业的生存和发展，自身没有危险且不会使该国经济安全产生危险的状态，是物流产业具有应对各种危险因素的能力体现。

物流产业安全包括物流产业生存安全、物流产业发展安全和物流产业战略安全三个方面。

物流产业生存安全，是指物流产业的生存没有危险的状态，物流产业要生存，必须实现其货币资本循环、生产资本循环和商品资本循环的统一。因此，可以说物流产业生存安全是指物流产业的资金周转、生产要素使用、销售收入以及利润率水平等都没有外来威胁和内部隐患的状态。

物流产业发展安全，是指物流产业发展没有危险的状态。从数量上看，必须是物流产业价值的增加或者市场份额的提高；从质量上看，必须是物流产业科技实力的不断提高和创新。而在开放条件下的现代物流产业发展安全则意味着，物流产业必须紧跟国外物流产业发展步伐，并在发展中逐步实现产业超越。

物流产业战略安全，是指物流产业的生存与发展不会使国家经济安全产生危险的状态。物流产业战略安全与物流产业生存安全、物流产业发展安全是相互依存、相互补充的。如果物流产业的生存与发展存在危险，则基本不会对经济安全产生积极作用。但是，如果物流产业的生存与发展是以危害经济安全为代价的，同样也不会长久保持安全状态。

1.3.2　物流产业安全的影响因素

物流产业呈现安全或不安全的状态，是多种影响因素交互作用的结果。应用产业经济学的理论框架进行分析，可以将这些因素分为内部因素与外部因素两大类型，其中内部因素包括产业组织、产业结构、产业布局、产业政策与管理等方面；外部因素包括金融环境、生产要素环境、竞争环境以及政策环境等方面。

基于产业安全的内部和外部影响因素，可以采用"压力－状态－响应"模型开展物流产业安全评价工作，产业安全评价的指标可以表述为三类不同但又相互联系的类型。一是压力指标。反映外部因素对产业安全造成的负荷，是影响产业安全程度及变化趋势的外部动因。二是状态指标。从适应力、竞争力和控制力等角度分析物流产业生产安全、发展安全与战略安全的现实状态。三是响应指标。表征内部因素对产业安全的影响，包括产业系统在外部因素作用下所采取的对策与措施，是产业安全程度及变化趋势的内部动因。

1.4　物流产业安全评价指数设计

1.4.1　评价指标体系的确定

在既有研究成果的基础上，考虑数据的可得性、一致性、稳定性等因素，经过筛选和简化，得到如表 1 - 1 所示的物流产业安全评价指标体系。

表1-1 物流产业安全评价指标体系

指标	指标名称	指标属性	原始数据来源	备注
A_1	物流服务贸易竞争力指数	正向指标	工信部	计算数据
A_2	物流总费用占GDP比重	反向指标	物流与采购联合会、国家统计局	计算数据
A_3	物流企业盈利能力	正向指标	物流与采购联合会	计算数据,采用物流企业收入利润率计算
A_4	物流服务满意度	正向指标	国家邮政局	直接数据

物流产业安全评价指标原始数据见表1-2。

表1-2 物流产业安全评价指标原始数据

年份	物流服务贸易竞争力指数 A_1	物流总费用占 GDP 比重(%) A_2	物流企业收入利润率(%) A_3	物流服务满意度 A_4
2005	-0.34	18.6		8.0
2006	-0.30	18.3		8.5
2007	-0.24	18.4	79.7	8.9
2008	-0.16	18.1	64.9	11.5
2009	-0.13	18.1	66.7	12.1
2010	-0.33	17.7	68.7	5.2
2011	-0.30	17.8	68.9	12.5
2012	-0.39	18.1	71.7	5.2
2013	-0.38	17.9	72.7	7.5
2014	-0.43	16.6	73.7	7.9
2015	-0.43	16.0	74.0	6.7

注：物流服务贸易竞争力指数、物流企业收入利润率数据由于官方数据的统计存在一定延时，并且从经济学的角度看一年的数据延迟是可以接受的，因此这两项指标采用后移一年的方法进行统计。

1.4.2 数据标准化

(1) 物流服务贸易竞争力指数

物流服务贸易竞争力指数用一国某产业的净出口与进出口总

额的比值来衡量，取值通常落在 -1 与 $+1$ 之间，指数值越高，表明产业的国际竞争力越强，反之则越弱。物流服务贸易竞争力指数的标准化处理思路是：将 -1 和 $+1$ 的标准值分别定为 0 和 100，采用式 $1-1$ 进行标准化换算。

$$N_1 = a_1 \cdot A_1 + b_1 \qquad (1-1)$$

其中，N_1 是物流服务贸易竞争力指数标准化结果；A_1 是物流服务贸易竞争力指数原始数据；a_1 和 b_1 为系数。

将标准值代入式 $1-1$，可得：

$$\begin{cases} 0 = -a_1 + b_1 \\ 100 = a_1 + b_1 \end{cases} \Rightarrow \begin{cases} a_1 = 50 \\ b_1 = 50 \end{cases} \qquad (1-2)$$

解得：

$$N_1 = 50A_1 + 50, \; -1 \leqslant A_1 \leqslant 1 \qquad (1-3)$$

（2）物流总费用占 GDP 比重

物流总费用占 GDP 比重用物流的总费用与 GDP 的比值来衡量，取值为百分数，指数值越高，表明物流产业的控制力越弱，反之则越强。据统计，2014 年全社会物流总费用占 GDP 比重，美国、日本、德国等发达国家约为 8.5%，全球平均水平约为 11.5%，"金砖国家"印度和巴西约为 12%。由于我国与发达国家的产业结构存在一定的差异性，并且费用的降低是符合瓶颈走向的，在达到一定水平之后再想降一点都是十分困难的，因此将 8% 定为标准值的上限，并且选用反比例函数进行标准化。我国物流总费用占 GDP 比重的峰值为 20%，随着产业的发展，未来这一指标的值一定是下降的，并且纵观国际市场都没有比这一值更高的情况存在，因此将 20% 定为原始数据取值的最高值。物流总费用占 GDP 比重的标准化处理思路是：8% 的标准值定为 100，采用式 1 – 4 进行标准化换算。

$$N_2 \cdot A_2 = k \qquad (1-4)$$

其中，N_2 是物流总费用占 GDP 比重标准化结果；A_2 是物流总费用占 GDP 比重原始数据；k 为系数。

将标准值代入式 1 – 4，可得：

$$100 \times 8\% = k \Rightarrow k = 8 \qquad (1-5)$$

解得：

$$N_2 = \frac{8}{A_2}, 8\% < A_2 < 100\% \qquad (1-6)$$

（3）物流企业盈利能力

物流企业盈利能力采用物流企业收入利润率来计算。根据国家税务总局企业所得税税源报表统计数据测算，各行业平均利润率如下：运输业 9%，商品流通业 3%，其他 8%，银行的利率约为 5%，电信业最高达 35.5%，轻工医药和电力能源的销售利润率也超过 20%，电子信息、批发业、建筑房地产、电气机械、金融保险及交通运输的平均利润率都低于 10%。

因此，物流企业盈利能力的标准化处理思路是：将 5% 的标准值定为 60，35% 的标准值定位 90，采用式 1 – 7 进行标准化换算。

$$N_3 = a_3 \cdot A_3 + b_3 \qquad (1-7)$$

其中，N_3 是物流企业盈利能力标准化结果；A_3 是物流企业盈利能力原始数据；a_3 和 b_3 为系数，该系数的标准值定位点有四个，依此可将该指标分为三个线性方程。

$$N_3 = \begin{cases} 1200A_3, 0 \leqslant A_3 \leqslant 5\% \\ 100A_3 + 55, 5\% < A_3 \leqslant 35\% \\ 15.38A_3 + 84.62, 35\% < A_3 \leqslant 100\% \end{cases} \quad (1-8)$$

（4）物流服务满意度

由于国家邮政局的统计数据采用的是百分制统计口径，因此可以直接使用，具体数据见表1－3。

表1－3　物流产业安全评价指标标准化数据

年份	N_1	N_2	N_3	N_4
2005	33	43.0	63.0	
2006	35	43.7	63.5	
2007	38	43.5	63.9	79.7
2008	42	44.2	66.5	64.9
2009	43.5	44.2	67.1	66.7
2010	33.5	45.2	60.2	68.7
2011	35	44.9	67.5	68.9
2012	30.5	44.2	60.2	71.7
2013	31	44.7	62.5	72.7
2014	28.5	48.2	62.9	73.7
2015	28.5	50.0	61.7	74.0

资料来源：根据式1－3、式1－6、式1－7、式1－8计算得到。

1.4.3　评价指数合成

考虑到各指标之间的相对重要性，采取等权重方式，为物流产业安全指数的各评价指标配置权重，采用线性加权综合评价模型进行物流产业安全评价指数计算（见表1－4）。

表 1 – 4   我国物流产业安全评价指数

年份	评价指数	含义
2007	56.3	基本安全
2008	54.4	基本安全
2009	55.4	基本安全
2010	51.9	基本安全
2011	54.1	基本安全
2012	51.7	基本安全
2013	52.7	基本安全
2014	53.3	基本安全
2015	53.6	基本安全

资料来源：对表 1 – 3 各指标数据进行算术平均计算得到。

1.5   物流产业安全先行指数设计

先行指标，是在经济全面增长或衰退尚未来临之前就率先发生变动的指标，可以预示经济周期中的转折点、估计经济活动升降的幅度和推测经济波动的趋向。运用马克思的哲学理论从内因和外因两个方面对物流产业安全的影响因素进行分析，内因和外因的作用结果就是产业安全的状态，但是内因和外因是先动因素，作用在结果上会有一定的延迟。因此，可以利用内外因素建立先行指数，从而对我国物流产业安全起到一定的提前预测作用。

1.5.1   先行指数的定位

编制物流产业安全先行指数的主要目的是尽可能早地发现经济运行变化的迹象，尤其是尽可能早地预测经济运行的转折点，以便为经济决策服务。它的作用集中体现在对当前宏观经济运行状况进行描述和对未来经济发展的趋势进行预测两个层面上，具体来看，主要有以下五个方面的作用。

（1）能够正确评价当前的产业安全状态，恰当地反映物流产业运行形势的冷热程度，并能承担短期经济形势分析的任务。

（2）能够描述物流产业运行的轨迹，预测其发展趋势，在重大经济形势变化或发生转折前，及时发出预警信号，提醒决策者制定合适的政策，防止经济严重衰退或过热。

（3）能够及时反映宏观经济的调控效果，判断宏观经济调控措施运用是否恰当，是否达到了平抑经济波动幅度的效果。

（4）能够对企业起到一定的参照作用，通过量化指标更好地进行科学管理，避免带有主观意识的人为干扰，有利于企业的经营决策。

（5）能够及时反映经济波动的时点，有利于改革措施出台时机的正确决策。

1.5.2 先行指标的数据来源

指数的建立，关键是要建立一个合理、有效、科学的指标体系。因此，指标的遴选是指数有效与否的关键，根据物流产业的安全影响因素分析，遴选出如表 1-5 所示的指标体系。

表 1-5 物流产业安全先行指标体系

指标	指标名称	指标属性	原始数据来源
X_1	交通运输、仓储和邮政业全社会固定资产投资增速	正向指标	国家统计局
X_2	GDP 增速	正向指标	国家统计局
X_3	工业增加值增速	正向指标	国家统计局

续表

指标	指标名称	指标属性	原始数据来源
X_4	进出口总额增速	正向指标	商务部
X_5	交通运输业增加值单位能耗增速	反向指标	国家统计局
X_6	生产价格指数（PPI）增速	反向指标	国家统计局
X_7	土地价格指数增速	反向指标	中国指数研究院
X_8	物流增加值占 GDP 比重增速	正向指标	物流与采购联合会
X_9	物流从业人员劳动报酬占物流收入比重增速	正向指标	物流与采购联合会
X_{10}	中国物流业景气指数	正向指标	物流与采购联合会

物流产业安全先行指标数据见表1－6。

表1－6　物流产业安全先行指标数据

单位：%

年份	交通运输、仓储和邮政业全社会固定资产投资增速	GDP增速	工业增加值增速	进出口总额增速	交通运输业增加值单位能耗增速	生产价格指数（PPI）增速	土地价格指数增速	物流增加值占GDP比重增速	物流从业人员劳动报酬占物流收入比重增速
2004	21.6	17.7	18.7	35.5	0.3	3.7	6.0	− 1.55	—
2005	25.7	15.7	18.4	22.4	− 3.6	− 1.1	4.8	− 1.72	—
2006	26.3	17.1	18.2	20.6	− 3.4	− 1.8	4.6	− 2.34	—
2007	16.6	23.1	21.1	18.4	− 9.7	0.1	14.0	− 0.52	126.1
2008	20.3	18.2	17.8	7.8	− 6.9	3.7	0.0	6.04	26.9
2009	46.7	9.1	4.6	− 16.3	2.4	− 11.5	5.8	− 1.20	− 7.6
2010	20.4	18.3	19.5	33.9	− 3.2	11.5	10.4	0.10	16.4
2011	− 5.9	18.4	18.0	17.2	− 5.9	0.5	6.6	− 0.86	14.1
2012	11.1	10.3	6.8	3.3	1.5	− 7.3	3.6	1.22	2.5
2013	17.0	10.1	6.2	5.7	− 3.9	− 0.2	9.0	1.94	8.4

资料来源：《中国统计年鉴》（2005～2014 年）。

1.5.3 指标一致性分析

景气指数方法是一种实证的景气观测方法。它的基本出发点是：经济周期波动是通过一系列经济活动来传递和扩散的，任何一个经济变量本身的波动过程都不足以代表宏观经济整体的波动过程。因此，为了正确测定宏观经济波动状况，必须综合考虑生产、消费、投资、贸易、财政、金融等各领域的景气变动及相互影响情况。各领域的周期波动并不是同时发生的，而是一个从某些领域向其他领域、从某些产业向其他产业、从某些地区向其他地区波及和渗透的极其复杂的过程。基于这种认识，经济景气监测的基本方法是利用不同经济指标变化的时间差，将经济指标分为先行、一致、滞后指标，以此作为观测和综合判断宏观经济波动状况的依据（见表1-7）。

表1-7 物流产业安全先行指标一致性分析结果

年份	X_1	X_2	X_3	X_4	X_5	X_6	X_7	X_8	X_9	结果
2004	+1	+1	+1	-1	-1	-1	+1	-1		0.00
2005	+1	-1	-1	-1	+1	+1	+1	-1		0.00
2006	+1	+1	-1	-1	-1	+1	+1	-1		0.00
2007	-1	+1	+1	-1	+1	+1	-1	+1		0.25
2008	+1	-1	-1	-1	-1	+1	+1	+1	-1	-0.33
2009	+1	-1	-1	-1	-1	-1	-1	-1	-1	-0.78
2010	-1	+1	+1	+1	+1	+1	-1	+1	+1	0.56
2011	-1	+1	-1	-1	+1	+1	-1	-1	-1	-0.11
2012	+1	-1	-1	-1	-1	-1	+1	+1	-1	-0.33
2013	+1	-1	-1	+1	+1	+1	-1	+1	+1	0.33

资料来源：对表1-6各指标数据进行分析得到。

1.5.4 先行指数的合成

（1）权重方案

考虑到各指标之间的相对重要性，采取等权重方式，为物流产业安全指数各评价指标配置权重。

（2）指数基本计算模型

本章采用线性评价模型进行物流产业安全先行指数计算，即设物流产业安全指数度满足式 1 – 9 所示的函数关系。

$$P = \frac{\beta_1 Y_1 + \beta_2 Y_2 + \cdots + \beta_m Y_m}{6} \qquad (1-9)$$

其中，P 为产业安全指数；Y 为各评价指标的标准值，正向指标增速增加记为 +1，下降记为 –1，反向指标则相反；β 为先行指标的系数，本书采用等权重，故 β 均为 0.1。

（3）指数计算结果

指数计算结果见表 1 – 8。对照表 1 – 4 和表 1 – 8，按本章方法所得出的物流产业安全先行指数能够比较准确地反映物流产业安全指数的变化趋势。

表 1 – 8　物流产业先行指数计算结果

年份	先行指数	含义
2004	0.00	2005 年较 2004 年不变
2005	0.50	2006 年较 2005 年上升
2006	0.00	2007 年较 2006 年不变
2007	0.00	2008 年较 2007 年不变
2008	– 0.25	2009 年较 2008 年下降
2009	– 0.33	2010 年较 2009 年下降
2010	0.11	2011 年较 2010 年上升

续表

年份	先行指数	含义
2011	− 0.11	2012 年较 2011 年下降
2012	0.11	2013 年较 2012 年上升
2013	0.11	2014 年较 2013 年上升
2014	0.33	2015 年较 2014 年上升

资料来源：根据式 1 - 8 计算得到。

1.6　结论与建议

本章实现了评价方法的指数化。主要包括两个方面的内容：一是指数的连续性。本章提出的指数具有很强的连续性，每次评价只需要提供新一期的数据即可。二是数据的标准化。在研究过程中不仅考虑了客观的指标值，而且结合指标的背景并参照主观性标准，最终确定了标准值的定位，从而使数据的标准化更准确。同时，提出了物流产业安全的预警指数（先行指数），该指数能够提前一年预测下一年物流产业安全的走势是上升还是下降，以便及早采取措施尽可能地保障物流产业安全。

根据物流产业安全评价指数与先行指数的实证分析结果，我国物流产业存在盈利能力不足、国际竞争力较弱、物流服务水平不高等问题，建议从以下几个方面加强物流产业安全的维护工作。

（1）推进物流产业社会化、专业化发展。应鼓励物流企业通过收购、控股等多种方式进行重组整合，扶持、培育大型龙头物流企业，促进物流产业的结构升级，推动整个行业向规模化、集约化方向发展，提高经济效益与利润水平。

（2）鼓励物流企业"走出去"。应充分认识到物流企业"走出去"的必要性和迫切性，借鉴跨国物流企业的成功经验，鼓励有条件的国内物流企业与国内大型工商企业一起"走出去"，在服务国内客户和海外属地客户的同时，建立健全自己的海外网络体系，优化国内外客户的供应链管理，提高物流产业的国际竞争力。

（3）提高物流信息化水平。应从产业安全的战略高度重视物流信息化问题，加大信息基础设施建立力度，推进物流信息平台建设，鼓励企业走智能化、自动化发展之路，利用先进信息技术提高物流效率，降低物流成本。

（4）加强物流市场信用体系建设。应加大物流信用服务机构的培育和监管力度，推进信用记录建设和共享，完善企业信用等级评价机制，有效约束和规范物流企业的经营行为，营造公平竞争、诚信经营的市场环境，努力提高物流服务质量。

2
北京市会展经济发展存在的
问题及对策研究

　　会展经济是指伴随会展业发展在一个地区引起的一系列经济现象和经济行为，是一个国家或地区第三产业发展日趋成熟和完善后出现的综合性更广、关联性更强、收益率更高的经济形态之一。随着世界经济全球化的发展，会展经济凭借其高效率、高增长的特点，成为城市经济发展的"助推器"和国民经济发展的"晴雨表"，会展业发展水平也被作为衡量现代社会经济发达程度的重要标志之一。作为全国的政治、经济、文化中心，北京以其得天独厚的优势在全国乃至全球会展经济的发展中占据重要地位，也曾一度居全国会展经济发展的首位。尽管如此，面对上海、广州和新兴会展城市的竞争，北京会展业发展中的一些弊端逐渐显现，发展遭遇诸多瓶颈制约，专业性的分析策略方面略有欠缺，与世界发达会展城市存在一定的差距。本章从会展经济的相关理论开始探讨，通过描述北京市会展经济发展的现状，指出北京市会展经济发展在场馆分布、市场环境、场馆配套设施和管理体制等方面存在的问题以及面临的国内外城市大力发展会展经济的挑战。利用钻石理论构建北京发展会展经济的竞争力评价指标体系，根据产业关联效应理论和产业链理论分析了北京市会展经济发展在区位、市场需求、相关联支持产业、政府支持等方面的优势与机遇。

2.1　引言

2.1.1　研究问题与意义

在国外，会展业与旅游业、房地产业并称为世界"三大无烟产业"，被喻为"市场的风向标""城市经济的助推器"，属于综合性强、带动性强、前景广阔的朝阳产业。会展业发展水平是衡量现代社会经济发达程度的重要标志之一，其竞争力已成为世界城市的核心竞争力。由于会展业能够创造较高的经济价值，对社会经济增长起拉动作用，并表现出一种经济现象的多种姿态，因而可以作为会展经济来对待。会展经济是近年来我国经济的重要组成部分。所谓会展经济，是指伴随会展业发展而在一个地区引起的能带来直接或间接经济效益和社会效益的一系列经济现象和经济行为，是能够利用其产业连带效应带动相关产业发展的一种新型经济。

会展业所提供的关键性产品是由一系列会展活动打造的信息交流、商品交易的平台，该平台的生产（建设）及其运作效率不仅遵循理性行为人的利润最大化原则，而且为如何有效配置资源提供了实现机制，这两个基本问题就成为会展经济学与经济学理论的逻辑起点。据统计，全国范围内共有40多个城市在"十二五"规划中将会展业作为城市的支柱产业进行扶持。尽管北京会展业在"十二五"时期取得了飞跃式的发展，但面对上海、广州和新兴会展城市的竞争，其发展的瓶颈问题也逐渐显现，与国外会展业发达城市以及北京建设"中国特色世界城市"的目标要求相比，其在会展业的规范发展、国际竞争力以及体制、管理、环境、服务等方面还存在较大差距。

本章通过阐述北京市会展经济的现状，分析北京市会展经济发展中存在的问题、原因及竞争优势，根据其发展目标确定北京市会展经济发展的定位，为指明会展经济的发展道路、明晰会展经济的发展格局、促进区域产业融合与产业结构优化升级提供了可行性参考建议。从管理体制、政府职能、专业人才、服务水平和国际化参与度等方面对会展经济的发展模式提出科学的建议，从吸引外部资源、优化配置资源等方面提出行之有效的对策，从而实现会展经济效益的最大化，推动会展经济在北京的可持续发展，对北京市会展经济、地区经济乃至整个国民经济的发展具有较大的借鉴意义和现实指导意义。

2.1.2　文献综述

我国对会展经济的理论研究始于 20 世纪 90 年代中后期，但近年来才进入系统的研究阶段，特别是 2006 年中国会展经济研究会成立后，会展经济的研究进入了一个比较系统、深入、全面的新阶段。目前的文献综述主要集中在会展经济的影响、会展经济发展中存在的问题及对策、会展经济与城市发展的关系以及会展经济发展的趋势四个方面。

第一，会展经济的影响。甄明霞和欧阳斌（2001）用产业关联效应理论分析了会展经济通过其强大的带动效应，促进城市多种相关产业的发展；大型会展的成功举办不仅能推动举办城市的经济发展，而且能对周边地区的经济发展起到良好的推动作用，大大提升举办城市对周边地区的辐射力、影响力。储祥银（2009）对2008年在北京新国展举办的汽车展、服装服饰博览会和体育用品博览会进行了抽样统计测算。王晓文等（2011）依据会展研究、创业研究和资源基础论等理论，克服了以往研究只注重会展产业投入–产出静态数值对比的缺陷，揭示了会展经济效应的动态作用过程。通过分析文献和理论推导，证明了会展经济效应的作用机理，提出了基于创业活动的会展产业经济效应产生作用过程的概念模型。研究发现，会展产业的资源群聚和流动的特性满足了创业活动的资源需求，使新创企业克服新进入的缺陷从而提高了存活率和绩效水平，这就是会展产业通过影响创业活动所产生的巨大经济效应。在这条具体的传导路径中，资源成为重要的传导手段。王轶等（2011）通过对首都会展业与区域经济的相关分析，发现首都会展业对区域经济有明显的推动作用，对北京地区生产总值、旅游业、零售业和就业有明显的驱动效应。同时，区域经济发展也为会展业的兴起提供了物质基础，影响着会展业的规模和发展速度。

第二，会展经济发展中存在的问题及对策。陈向军和田志龙（2001）分析了我国在场馆布局、会展业管理机制、会展质量和专业人才培养方面存在的问题，提出在合理规划布局、争创品牌会展、完善管理制度、加大投入、以"技"兴展和人才培养方面的对策。黄晓勤和张小蒂（2002）针对目前我国会展经济发展存在的问题，提出在借鉴世界展览名城的经验改善会展硬件的同时，应注重提高软件服务质量和增强服务意识，加强专业人才的培养，提出各地应当因地制宜地举办会展，避免恶性竞争。张纯和诸文峰（2003）认为中国经济持续快速的发展与国际影响力的提高为会展经济发展提供了条件，会展经济作为一种新的经济现象和经济发展的新增长点，日益国际化、品牌化、专业化。黄大勇（2003）指出我国会展经济发展中存在人们的会展经济意识不强、场馆供需矛盾尖锐、会展市场秩序混乱、缺乏会展专业人才等方面的问题，提出增强会展意识、引进外资、优化资源配置、加强宏观调控和人才培养等对策。邬春仙和牛小慧（2003）对北京会展业发展的特点、存在的问题及会展经济区位发展不平衡进行了分析，通过数据证明交通区位优势是会展业快速发展的关键。侯汉坡和邱菀华（2004）通过对北京会展业现状的分析，指出北京会展业发展中存在的主要问题，并提出应从政府管理、场馆建设、组织经营、人才培养和品牌树立五个方面提升会展业发展水平的建议。李杰（2007）通过对会展经济产业带动系数进行理性分析，认为发展会展经济不可机械地用固定数值来确定，配套服务产业的成熟与完善是会展业带动效应实现的前提，提出通过加强政府宏观规划、强化资源配置和发挥行业协会作用来提高会展产业带动系数的对策。马勇和何莲（2009）通过对会展品牌基本特征——规模、权威、互动、专业和前瞻性的分析，在会展品牌的成功要素和科学定位的基础上，提出了打造城市会展品牌过程中在特色、品质、营销和技术支持方面的创新策略，在依托资源优势的基础上应打造中国特色和北京特色的会展品牌。许啸尘和蔡仲芳（2012）从会展业与产业集群的关系角度，探讨了如何通过发展会展业和产业集群的互动来实现互补共赢。崔平和金孟安（2012）通过对国内外会展业发展现状的调查与分析，提出应建立健全会展业发展组织领导机制、整合会展资源、成立会展业发展办公室、组建专业展览公司、制定会展业税收优惠政策、成立会展专项扶持资金等对策建议。

　　第三，会展经济与城市发展的关系。胡晓（2002）认为会展经济的发展依赖城市良好的基础设施和环境条件，反过来，会展经济的发展也能使城市锦上添花，形成城市新的亮点。会展经济的发展应与城市结构功能、相关资源和城市对外开放相结合，实现协调发展。储祥银（2009）通过比较北京的城市特征和会展业发展的特征，探讨了北京会展业与北京经济之间相互依存、相互促进的辩证关系，认为会展经济对北京的经济发展做出了巨大贡献，为其他城市的会展经济规划和会展活动策划提供了有益的启示。李智玲和王树兰（2010）分析了世界城市和世界会展名城的关系，结合北京会展业目前的定位，总结了北京建设会展名城的优势条件，明确了北京会展业发展的定位。魏士洲（2011）认为北京建设世界城市不仅依赖第三产业的发展，而且依赖高端服务业的发展，应借鉴纽约、伦敦、巴黎和东京等世界城市发展会展业的经验，着力打造世界级文化品牌，积极申办世界级会展活动。

　　第四，会展经济发展的趋势。程宏（2001）分析了世界会展经济的发展概况及其在新经济背景下的五大发展趋势，即举办机构专业化、展览公司集团化、参与者国际化、电子商务广泛应用和重视对发展中国家市场的开拓，在考虑会展资源的前提下，探讨了我国会展经济的发展方向。张娟（2004）分析了在亚洲会展经济中独树一帜的香港会展经济，其拥有先进的硬件设施、周到的软件服务、专业的会展人才及发达的相关行业配套设施等发展优势和成功经验，对内地会展经济走向国际化、实现专业化发展具有重要的借鉴意义。李智玲（2009）在对德国会展业进行分析的基础上，阐述了德国会展经济发展呈现的全球化、服务高质化以及联动、专业、跨业态经营等特点，认为德国会展业越来越注重专业细分，追求大而全的会展已经被认为不能带来良好的效益，一些展览由综合性向专业性转变。结合中国会展业发展的现状，提出了加快明确政府职能定位，政府应有进有退，要有所为有所不为。在应该让位给市场主体时，要坚决退出；在需要强化政府角色作用时，要坚决强化，做到市场化、法治化、规范化运作。同时，提出了构建大型会展公司和组建全国展协等建议。

2.1.3 理论基础

（1）会展经济的含义

会展经济不等于会展业，它是伴随会展业发展而在一个地区引起的一系列经济现象和经济行为。对会展、会展产业和会展经济的界定，有利于深入、全面地了解会展经济。

本章的研究对象是广义的会展（见图 2 - 1），是指 MICE，由 Meeting（会议）、Incentive Tour（奖励旅游）、Conference/Convention（协会或社团组织会议）、Exhibition/Exposition（展览/展销）四个英语单词的首字母组合而成。随着会展业的不断发展，MICE 中的"E"又增加了新的内涵，即节事活动（Event）。

会展产业。会展产业是会展行业的产业化，涵盖了会议和展览策划、营销、组织和服务等的整个产业链，是会展行业进行市场化、专业化、规模化和国际化运作的结果，是国际社会经济、文化、信息交流日益频繁的产物，推动了以展览和会议为主、涉及行业广泛的综合性经济形态的发展，从而形成会展产业。

会展经济。会展经济是以会议和展览活动为发展经济的手段，通过举办大规模、多层次、多种类的会议和展览，以获取直接经济效益或间接经济效益和社会效益的经济行为，包括会展活动运作的

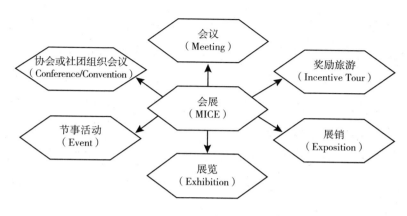

图 2 - 1　会展的广义含义

主体经济效益和会展活动的扩散效应，可以创造商机，吸引投资，对经济、社会发展起到带动作用。

（2）会展经济的功能

会展经济是经贸交流、城市建设和第三产业共同发展的产物（见图 2 - 2），不仅可以带来可观的直接经济效益和间接经济效益，而且能带来广泛的社会效益，具体来说，会展经济的主要功能表现在以下三个方面。

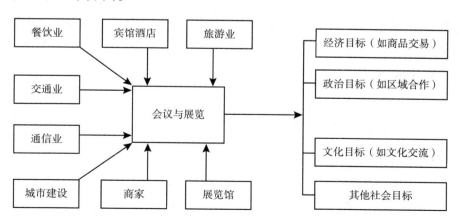

图 2 - 2　会展经济的功能

一是促进产业升级。会展业属于服务业，具有服务业的共性，它作为一个有效的商务平台和交流中介，能够传播先进信息和技术，有利于企业间的交流与合作，促进双方各种成果和资源的引进与转化，为企业带来可观的经济效益，树立品牌形象，同时可以促进一个城市的产业结构调整，实现产业升级。

二是带动相关产业的发展。会展业一般被认为是高收入、高盈利的产业，其利润率为 20% ~ 25%，会展业所带来的经济效益不仅包括会议和展览所促成的商品或服务的成交金额等直接经济效益，而且包括为其他行业，如住宿和餐饮业、交通业等带来的间接收益。会展业的发展通过回顾效应对城市建筑、装潢、设计、旅游等行业提出新的投入需求，这些投入需求将促进后向关联部门的技术、组织以及制度等的发展；旁侧效应会同时拉动城市金融、保险、市政建设等行业的发展，促进这些行业采用先进的技术，加速这些行业专业技术人员的培养。会展经济这种带动相关产业发展的影响已远远超过了会展活动本身，将波及整个城市的社会、经济领域（见图 2 - 3）。

三是促进城市的发展。会展业为很多会展名城带来了巨额利润和经济的空前繁荣，在社会效益方面可以提升会议与展览举办地的综合竞争力，提高举办地的知名度，并对基础设施的进一步完善、市容市貌的美化具有巨大的推动作用。

（3）会展经济形成的基本条件

从产业经济学的理论角度来看，一个产业的形成需要三个基本条件。

一是广泛的社会需求。西方学者在分析会展市场的需求时曾用"AIDA"消费者行为模式研究消费者需求产生的根源和需求满足的方式，按照"AIDA"消费者行为模式的分析，人的消费行为可以

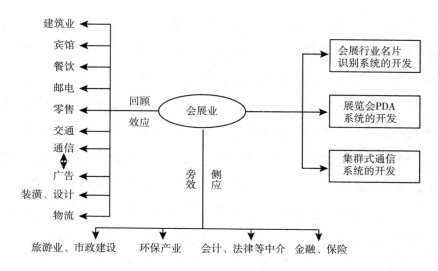

图 2-3　会展关联效应

分为四个阶段：兴趣（Interest）、关注（Attention）、欲望（Desire）、行动（Action）（见图 2-4）。

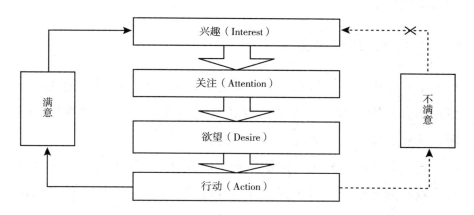

图 2-4　会展市场购买者行为消费模型

消费者对会展市场的关注度能否持续，关键取决于会展交易给参展商和观众带来的感受。在当前会展业面临高度竞争的市场环境中，会展组织者只有满足甚至超过参展商和观众的期望，同参展商和展览服务部门共同对整个会展进行科学的管理并提供良好的服务，才有可能使得会展组织者与参展商长期合作。

二是成熟的产品和具有一定生产规模的市场。随着社会分工的深化，出现了一些专业的会展运营商，它们实行专业化运营，形成了一些具有一定影响力的品牌会展。这些专业的会展运营商往往整合了会展产业链的上下游，对会展资源的整合使其具有价格优势。

三是产品市场稳定的供求关系。会展要形成产业，首先，要有对会展产品的需求；其次，要有一定量的企业提供会展产品；最后，会展产品的供需要达到一个相对稳定的市场均衡。现代产业分析的观点认为，一个产业在国民经济中的地位主要取决于三项指标：一是该产业提供的就业量占全社会就业总量的比重；二是该产业的产出（产值）在国民经济总量中的比重；三是该产业在国际贸易中的比重。

2.1.4 研究方法

本章运用文献分析法、比较研究法、案例研究法以及定性与定量相结合分析法等相关方法，就北京市会展经济发展的现状、问题、优势、定位及对策进行分析，具体如下。

第一，文献分析法。文献分析法是从前人或别人留下的资料中收集资料的方法，相对于其他收集资料的方法，它是社会科学研究中最基本的方法之一。本章通过梳理、分析和评价国内外相关文献，研究目前北京市会展经济发展的现状、问题、优势、定位与对策，掌握目前理论研究的难点，为本章的深入研究提供丰富的背景元素，为本章提炼观点、设计方案奠定坚实的基础。

　　第二，比较研究法。比较研究法是确定对象间异同的一种思维方法，即根据一定的标准，对某种事物的客观现象在不同情况下的不同表现进行比较分析，从而找出客观事物的普遍规律及其特殊本质，力求得出符合客观实际结论的一种方法，一般包括描述、解释、并列、比较四个步骤。本章的比较包括三个方面：一是采用经验数据比较北京市会展经济发展的现状；二是对国外发达城市会展经济的成功模式进行比较分析；三是针对北京市与发达会展城市的会展经济在规范性、市场性、竞争力、专业化、国际化以及相关法规的完善程度等方面进行比较。

　　第三，案例研究法。案例研究法是遵循一定的程序、步骤，对某一经验性实证性课题进行研究的方法。本章通过对国际会展经济发展的经典案例进行分析，总结其发展的成功经验，为北京市会展经济发展提供借鉴。举例说明，本章以美国拉斯维加斯、德国汉诺威、新加坡等发达会展城市会展经济的运营模式为镜鉴，指出其在发展品牌会展与配套设施服务等方面可供借鉴的策略，提出创造新的服务业态，以实现会展经济的转型升级，从而拉动会展区域经济的发展，为北京市会展经济实现可持续发展提出建议。

　　第四，定性与定量相结合分析法。定性分析是为了确定研究对象是否具有某种性质，或者确定引起某一现象变化的原因，以及对变化过程进行分析，对于部分指标难以量化或难以取得所需要的数据，需要进行定性分析。定量分析是指对研究对象进行数量化测定的研究方法。本章采用定性与定量相结合的方法，通过分析近年来北京会展业的有关数据，一方面，选择用会展业的财务收入量化北京市会展经济发展的现状；另一方面，采用定性分析的方法结合会展行业的特点和会展经济发展的有关规律，分析北京市会展经济的优势、机遇和存在的问题，客观地分析了北京市会展经济发展存在问题的原因，为提出发展会展经济的建议提供了重要依据。

2.2 北京市会展经济发展的现状

北京会展业是伴随国家的改革开放和北京市社会经济的发展逐步壮大的，总体上呈现良好的发展势头。"十二五"期间，北京会展业发展迅速，国际化、规模化、专业化、品牌化程度提高，产业规模稳步扩大，会展设施明显改善，产业体系逐步完善，办展环境不断优化，已成为北京现代服务业的重要组成部分。

2.2.1 会展经济发展空间巨大

2010～2014年，我国会展业收入年均增长4.13%，在全球经济复苏乏力的背景下，2013年和2014年北京市会展业收入同比增长出现大幅下滑，分别为－9.9%和－10.3%。随着中国经济增长进入新常态、经济环境逐渐改善，以及创新驱动发展战略的实施，北京会展业亟须步入新的发展阶段，以形成新的经济增长源泉。

2.2.2 会展基础设施明显改善

北京拥有众多的展馆、会议场所、体育场馆、演出场所和博物馆等，其中相当一部分达到国际标准，这为北京会展业发展提供了良好的基础设施。面积最大的中国国际展览中心（新国展）展馆面积为10.68万平方米，国家会议中心最大的会议室可容纳6000人。新国展、九华国际会展中心和国家会议中心的启用，大大缓解了北

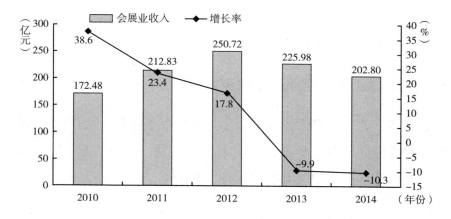

图 2 - 5　2010～2014 年北京会展业收入及其增长率

资料来源:《北京统计年鉴》(2011～2015 年)。

京展览场所供给严重不足的矛盾。此外,"鸟巢"、"水立方"、国家体育馆、首都体育馆、朝阳公园、劳动文化宫以及其他场馆、公园或博物馆也对外承接会展业务,对专业会议场馆形成了有利的补充。

在会议的基础设施方面,2014 年北京有 4 个展室的室内展馆面积进入中国排名前 100 位榜单,具体见表 2 - 1。

表 2 - 1　2014 年北京会展室内场馆面积统计 (排名前 100 位)

展馆名称	展馆面积(万平方米)	全国排名
中国国际展览中心(新国展)	10. 68	9
九华国际会展中心	7. 50	23
中国国际展览中心(老国展)	6. 00	35
国家会议中心	3. 50	71

资料来源:《2014 年中国展览数据统计分析报告》。

场馆周边的配套设施也逐渐完善,很多饭店的会议场所都达到了国际标准,成为北京会展业发展的重要依托。北京的新国展比邻东部的北京国际航空港，形成了空港会展经济集聚区，首都机场已成为世界第四大、亚洲第一大机场。

2.2.3　会展产业体系逐步完善

目前，北京已经形成宾馆饭店、大型展览场馆、会展活动举办单位及各类会展服务单位四大会展活动主题。"十二五"规划中，北京会展市场主体的所有制性质中，国有机构占21.41%，集体企业占14.06%。随着会展市场的逐步放开，近年来，非公有制性质的会展企业大量涌现，私营企业、股份合作、股份有限与有限责任制企业所占比例达到七成左右。从细分行业看，会议和展览服务业中的私营企业比例最高，体现出会展服务业市场化程度较高的特点。

经过激烈的市场竞争，北京已逐步形成了一批实力较强的会展龙头企业，北京会展业收入超过亿元的单位已有数十家。排名前20位单位的会展业收入占全市会展业收入的八成以上。同时，出现了一批达到国际水平、本土化程度较高、具有一定综合竞争力的会展业服务企业群体。

2.2.4　产业集聚效应初步显现

北京会展业呈现鲜明的产业集聚特点。2014年，北京市的专业展览场馆有2/3位于朝阳区，朝阳区的场馆接待展览数量占全市专业展览接待数量的八成左右。朝阳、海淀、东城、西城是北京市会议活动较为集中的区域。在展览场馆和宾馆饭店的带动下，周边会展服务企业发展较快，四城区会展服务单位数量占比为83.6%，实现会展业收入占比为91.9%。以四个城区为核心的中部偏北地区是北京会展活动较为集中的区域，逐步形成了产业集群，不仅有利于资源共享，而且带动了相关产业的发展，产生了联动效应。

2.2.5 规模化、品牌化、国际化、市场化程度提高

在各项会展收入中，国际会展收入增长势头强劲。北京市统计局提供的相关资料显示，2010～2014 年，北京会议业收入年均增长 1.65%。具体到同比增长率，2010 年和 2011 年的增长率分别高达 32.0% 和 30.8%，但自 2012 年开始，增速明显下滑，到 2014 年，同比增速下降至 -14.3%，具体见图 2-6。

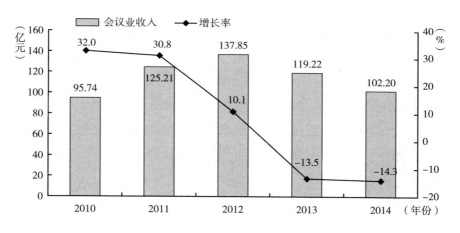

图 2-6　2010～2014 年北京会议业收入及其增长率

资料来源：《北京统计年鉴》（2011～2015 年）。

根据国际大会及会议协会（ICCA）的统计，中国 2014 年共举办 332 场国际会议，在亚太地区排在第 2 位，在全球的排名由 2013 年的第 10 位上升至第 8 位；在城市全球排名中，2014 年北京排名第 14 位，举办国际会议占中国举办国际会议总数的 1/3。无论是在国内还是国际，北京会展业的国际影响力进一步提高。根据《北京统

计年鉴》，北京会议业在"十二五"期间保持了快速发展的态势：会议收入依旧保持较大增长，2014 年北京会议业收入为 102.20 亿元；2014 年共接待会议 23.1 万个，接待会议人数达 1639.3 万人次，其中国际会议 7000 个，接待国际会议人数达 64.4 万人次。国际展览项目也在稳步发展，2014 年北京共举办国际展览 104 个，在大陆排名第 1 位，国际展览收入达 35.8 亿元。"十二五"期间，北京已形成以生产设备展、教育培训艺术展、咨询顾问人才招聘展和房产建材装潢展为主的四大类展会主体，形成了比较合理的市场主体。

2010～2014 年北京国际会议收入及数量占比情况见表 2-2。

表 2-2　2010～2014 年北京国际会议收入及数量占比

单位：%

指标	2010 年	2011 年	2012 年	2013 年	2014 年
国际会议收入占比	10.6	7.7	7.6	9.2	10.1
国际会议数量占比	2.55	2.80	2.67	2.60	3.00

资料来源：《北京统计年鉴》（2011～2015 年）。

由表 2-2 可以看出，到 2014 年北京国际会议收入占比逐步回升，已超过 10%。

2010～2014 年北京国际展览收入及数量占比情况见表 2-3。

表 2-3　2010～2014 年北京国际展览收入及数量占比

单位：%

指标	2010 年	2011 年	2012 年	2013 年	2014 年
国际展览收入占比	48.90	46.60	43.90	49.83	38.70
国际展览数量占比	25.80	23.50	26.53	34.44	26.74

资料来源：《北京统计年鉴》（2011～2015 年）。

由表2－3可以看出，2010～2014年，北京国际展览收入占比维持在较高水平，部分年份接近50％。并且，北京会议展览的数量规模巨大，具体见表2－4。

表2－4　2010～2014北京会议展览的数量变化

单位：个

年份	接待会议数量	国际会议数量	接待展览数量	国际展览数量
2010	256771	5912	1196	291
2011	285527	7998	1380	324
2012	277487	7403	1059	281
2013	269000	7000	822	283
2014	231000	7000	733	196

资料来源：《北京统计年鉴》（2011～2015年）。

在展会规模化、国际化程度提高的同时，展会的服务质量不断改善，国际参展商和海外专业观众大幅度增加，提升了展会的专业化、市场化程度，扩大了展会的品牌效应。经过多年的资源积累和品牌培育，在京举办的国际汽车、机床工具、工程机械、服装服饰、冶金铸造、石油石化、制冷设备、信息通信、建筑材料、灯光音响乐器等一批专业技术展会成为本行业的国际名展，位居亚洲和世界前列。

2.3　北京市会展经济发展存在的问题及原因

自改革开放以来，北京会展业取得了长足进步，但现有规模、体制、设施、管理等与首都城市的性质、地位还不相适应，主要存在会展业集聚区域发展不平衡、场馆限制日益显现、管理体制滞后、具有国际影响力的会展品牌较少、市场环境有待进一步改善等问题。政府对会展业发展提供了强有力的政策支持，但服务质量和发展环境有待改善。本章通过对北京市会展经济发展水平进行深入客观的分析，指出存在的问题及原因，为提出北京市会展经济发展的对策提供依据。

2.3.1 北京市会展经济发展存在的问题与挑战

（1）会展集聚效应优势不明显

北京目前的展馆呈散点状分布，新建的大型场馆基本位于郊区，与原有旧场馆的距离较远，不利于会展集聚效应的发挥。交通区位优势是会展业快速发展的关键，会展的本质是信息传递、科技推广的枢纽，所以会展目的地的交通条件十分重要。会展的发展需要相关产业的支持，如交通、广告、贸易、报关、餐饮、酒店等。单一的场馆在会展配套设施和服务不完备的情况下很难保障相关服务部门的生存，这样就会影响会展业的发展。如果场馆分布相对集中，不仅有利于相关联产业的生存和发展，而且这些支持性相关联产业也可以促进会展业的发展，会展业的集聚效应就会得到有效发挥。

北京会展业发展的市场向朝阳、海淀、东城、西城这几个城区集聚，而北京规划的大型场馆和会议中心却分布在顺义、丰台和通州三区，它们是顺义天竺的新国际展览中心、丰台花乡的国际汽车博览中心和通州梨园的北京世界汽车之窗。这种场馆分散化和郊区化的布局不利于举办消费类展览，同时周边环境和服务配套设施还不能适应会展活动开展的需要，如果举办大型的会展活动，在服务配套设施尚不完备的情况下，就不得不需要政府等相关部门的补充，随之而来的是会展运营成本的增加，会展服务质量也会降低，从而给客户带来诸多不便。总之，目前场馆布局的分散化和郊区化不利于北京会展业的发展，规模和集聚效应难以得到有效发挥。

（2）市场发展环境有待改善

波特钻石理论指出，推进企业进行国际化竞争的动力可能来自国际需求的拉力，也可能来自本地竞争者的压力或市场的推力，维持与创造产业竞争优势的最大关联因素是国内市场强有力的竞争对手。在国际竞争中，成功的产业必然先经过国内市场的搏斗，迫使其改进和创新，海外市场则是竞争力的延伸。

北京会展业的优势不够突出，同行竞争逐渐加剧。目前北京的会展企业尚不成熟，缺乏资金雄厚、竞争力强的大型专业会展公司，大多数为中小企业，从业时间较短，无论是在规模、管理模式、运作经验还是在技术手段上，与外资会展公司相比均有很大差距。在引入国际展览机构方面，尽管一些国际知名的展览业公司在北京也设立了分公司，如励展公司和法兰克福公司，但真正开展业务的还不多。这种局面直接影响了会展功能效应的发挥，从微观角度制约了经济效应的放大。

支持性和相关性产业建立起相应的会展服务链运作还比较混乱，产业关联效应尚未充分发挥。产业关联效应理论是美国经济学家赫希曼于1958年提出的，是指某一产业的经济活动能够通过产业之间相互关联的活动效应影响其他产业的经济活动。会展业是关联性极强的产业，能够带动广告业、运输业、旅游业、餐饮业等的快速发展。目前北京会展业与旅游业、酒店业、交通运输业等其他行业形成服务链以及与其他产业之间的合作还属于企业自发、零散的行为，没有相应的规范和监督，有时出现服务脱节、服务不到位的情况，会展市场主体服务意识不强。

北京城市资源环境与人口交通的巨大压力，也对北京会展业整体竞争力的提升带来难以预料的影响。一些场馆急功近利，只看重眼前利益，忽视了客户和服务，整体服务水平与国际标准有较大差距。大型品牌展会的主办方大多是官方或半官方的政府机构，这表明政府主导展会、参与市场运作的现象非常严重。国外参展商虽然看到中国是一个潜力巨大、发展迅速的市场，但受北京会展市场发育不成熟的制约，很多国际专业参展商参展的主要目的还局限于产品的介绍和宣传，还没有达到以贸易洽谈为真正目的的阶段。

会展业是资本密集型行业，会展经济的发展离不开资本，资本投入决定了会展经济的效益。场馆的建设、运营都需要十分庞大的经费投入，仅仅依靠政府投资，不能充分调动整个市场中关注会展发展的成员的积极性。北京会展场馆的管理和运营体制比较陈旧僵化，经营机制不灵活，主要依靠出租场地获得利润，存在经营定位不准、专业化水平不高、绩效低下等问题，市场化程度偏低。

会展业的从业准入门槛比较低，办展组织资质审查虚化，主体素质不一，竞争无序、低水平重复、价格混乱等现象时有发生，会展市场尚未完全体现公开、公正、优胜劣汰的国际市场发展的竞争原则，一些低收入、低质量的展会在政府的保护下依然可以继续举办。以上这些因素导致的会展市场混乱，直接影响了会展经济效应的发挥。

（3）展馆配套设施不完备

北京市的会展场馆设施普遍陈旧单一，缺乏现代化综合服务功能。中国国际展览中心于1985年建成，中国国际贸易中心、北京国际会议中心也都建成于 20 世纪，功能单一、场地分散、设施和设备陈旧，住宿、餐饮、通信、交通等服务设施不配套，周边环境较差，服务态度不好，服务质量不高，难以满足现代会展业发展的需要。据统计，北京市三大展馆——中国国际展览中心、北京展览馆和全国农业展览馆承办了很大比例的展览活动，但因设施陈旧和展览面积有限等因素，满意度调查显示满意度有逐年下降的趋势。可见，参展商对会展的需求超出了会展业的发展水平，这也是北京会展业发展的重要动力。

（4）品牌建设不充分

尽管北京的会展场馆面积和数量逐年增加，但展会数量并没有增长，由于办展环境、政策等诸多因素的影响，原有的许多展览外流，展会数量呈现下滑的趋势。2006 年以后，北京专业展览数量呈逐年下降趋势，一些品牌展会在专业性上已取得了一定成就，但总的来看展会还是偏重展位招商，单纯追求规模而忽略了专业观众比重的提升。在国外会展经济发达的城市，在招展过程中组织者会严格审核参展商的参展资格，参展观众在提供邀请函的同时，还要购买价格比较高的门票以保证会展的质量。然而，在北京举办的一些展会上，参展观众鱼龙混杂，闲杂人员冒充专业人员进入展会，造成会展资源的浪费，在这种情况下，展会质量很难得到有力的保证，会展经济"不经济"的现象由此产生。北京目前只是一个会展城市，汇聚了其他城市的特色，但没有自己独特的优势，要想成为世界性会展城市，必须有自己的创造力。北京城市品牌展会与国外会展发达城市存在较大的差距，对外影响力不够，在国际会展界的声望不高。

（5）面临国内外会展城市的竞争

国际竞争。入世后，中外展览组织者之间的竞争、国内各展览组织者之间的竞争、展览场馆之间的竞争、中国各展览城市之间的竞争以及中国展览会与周边国家和世界其他国家相同展览会之间的竞争愈演愈烈。会展行业自身项目并购的步伐加快，以及外资会展企业的不断加盟，对北京会展业管理和服务水平提出了更高的要求。目前全球最知名的会展公司已全部进入我国争夺会展产业链中利润最丰厚的环节。欧洲会展经济历史悠久，整体实力最强，具有规模大、国际化程度高、专业化强、重复率低、交易功能明显等特点，凭借其先进的设施、完备的保障系统和丰富的经验在全球会展业市场中占据优势。北美的美国和加拿大是世界会展业的后起之秀，每年举办的展览会近万个；拉美和非洲的会展经济也呈现迅速发展的态势。北京要想尽快融入国际会展业环境，就不可避免地要与这些国际会展强国对垒。知名公司凭借健全的会展组织系统、丰富的管理手段和经验、雄厚的资金，构成对本地会展业发展的巨大威胁。亚洲会展经济的规模和水平仅次于欧美，北京面临亚洲城市的挑战，如新加坡和东京等。日本、韩国、泰国等国的会展业也已具有相当的规模，根据国际分工、经济全球化和国际会展业转移的发展趋势，在亚太地区特别是在东亚地区一定会再诞生新的国际会展中心城市，这些都是北京发展国际会展业的强有力的竞争对手。

国内竞争。国内不少地方政府越来越重视会展业的发展，纷纷出台扶持政策，采取有力措施，把会展业作为一个新的经济增长点进行大力培育和发展。例如，广州、上海和深圳等城市都把会展业作为城市规划中大力扶持的产业，设立了会展办、会展协会组织，提出了更高的发展战略目标和战略定位，并且发展速度很快，甚至超过了北京；珠三角地区其他一些城市也把会展业作为支柱产业，加大场馆建设的投入力度；享有"国际会展之都"美誉的香港特区政府也加大在海外宣传的力度，争取更多高质量的会议和展览在香港举行。一批新兴会展城市和会展项目不断涌现，区域和城市之间的竞争格局日益激烈。北京面临国内会展市场的巨大压力，上海是目前全国最大的会展中心城市之一，是我国会展最集中的地方，再加上众多知名企业在上海安营扎寨，创造了多个高层次品牌展会，且其展览规模居全国之首，一些小规模的展会已向长三角区域延伸。上海确定了"国际性会议展览中心"的战略目标，加强与国际展览业的合作，适时推出多项鼓励会展业发展的政策。相比上海的会展业而言，北京虽不及上海展会的总面积与规模，但展览规格与档次是超过上海的。相关数据显示，上海2010年举办的展会数量居全国首位，会展年总收入占全国的近50%，已成为国内会展业实力最强的城市。

广州是国内会展业发展最早、会展经济最活跃的地区之一，是我国重要展览的中心都市，也是仅次于北京、上海的第三大会展城市，其综合实力居全国十大城市前列。广交会是我国历史最长、层次最高、规模最大、商品种类最全、到会客商最多、成交效果最好的国际综合性贸易盛会。早在20世纪70年代，广州就拥有全国最大的展馆——中国出口商品交易会展览馆。另外，广州的琶洲展馆是目前亚洲最大的会展中心，其发展战略是以"中国第一展"为龙头，做仅次于汉诺威的世界第二大会展中心。虽然广州会展业的综合实力不及北京会展业，但相比较而言，广州的展会具有专业化、品牌化、规模化等优势。

另外，环渤海地区其他城市会展业的发展，特别是没有与北京实现错位发展的其他城市会展业，必然会影响北京会展业的发展，降低会展业的整体经济效应，特别是功能效应。中国会展业已经初步形成了以北京、上海、广州为全国一级会展中心城市，大连、深圳、青岛、南京、厦门、宁波、昆明、成都等为区域级会展城市，其他为"地方性会展城市"的相互协调、各具特色、层次分明的会展经济发展格局。

2.3.2 制约北京市会展经济发展的原因

（1）会展业主管行政机构缺失

我国一些城市专门成立了会展业主管机构，如大连、广州和重庆等。北京没有一个对全市会展业进行统筹规划、协调管理的牵头机构，会展业主管行政机构缺失，北京市贸促会、商务局、发改委、旅游局都参与会展业相关行政管理，存在交叉管理、多头管理的问题，导致展会主题冲突、低水平重复办展的现象频现。尽管北京市委、市政府高度重视会展业发展，出台了会展业专项发展规划，并制定了一系列扶持和鼓励措施，但由于主管行政机构缺失，没有一个具体部门负责贯彻落实这些重大决策，导致政策流于形式，难以落实。

（2）行业管理体制不健全

许多省市为吸引会展，进一步强化了服务工作，出台了优惠政策。相比之下，北京市会展相关部门沟通协调机制不够完善，缺乏对经营机构的扶持意识和相应的优惠政策，办展成本较高，会展服务水平有待提高。中央单位与北京市之间以及政府公共部门之间由于缺乏必要的主体资质评审机制及展会评估机制，审批与管理缺乏成文法律依据，标准不一，整体运作不规范。目前我国只有上海颁布实施了会展行业的地方性法规——《上海市展览业管理办法》，北京在会展业的地方立法方面进展缓慢。针对近年来会展知识产权问题突出的现象，北京市政府于2007年11月出台了《北京市展会知识产权保护办法》，该办法于 2008 年 3 月 1 日起正式施行，北京会展法制建设迈出了可喜的一步，但今后的工作仍任重道远。

（3）缺乏扶持意识和相应的优惠政策

北京对会展业重要性的认识比香港、新加坡和汉诺威等发达城市要晚许多，人们并没有真正意识到会展业能为首都经济发展带来多大的益处，这主要是由于人们没有了解会展业对城市的拉动效应，即便是相关部门的政府官员也不太清楚会展业的具体产业关联效应和拉动效应，正是这种认识上的偏差，导致了政府对会展经营企业的扶持意识相对滞后，也正是这种对会展经营企业相对滞后的扶持意识，导致了相应优惠政策的缺乏，这种相对滞后的扶持意识和优惠政策的缺乏，直接导致了北京会展经营机构的实力不足、竞争力不强。会展的软件服务工作是北京的弱项，无论是在专业观众组织、展览设计与展台搭建，还是在信息资料、住宿、旅游等方面，都没有体现周到细致的人性化的服务理念，这些都是制约北京会展业发展的软肋。综观发达的世界会展名城，其会展业的高度发展无一不依赖有实力的经营机构的支撑。因此，经营机构的实力是推动一个城市会展业持续发展的关键。

（4）缺乏高素质的专业展览人才

由于会展教育起步较晚，在师资培养、教材规范和课程设置方面都还不完善，与发达城市的会展业相比，北京会展业缺乏稳定的、高质量的专业会展队伍，特别是缺乏创意和管理人才。北京的大部分会展从业人员，许多是半路出家，专业知识不足，展览从业人员整体素质不高，与国际专业人才相比差距较大。另外，大型跨国企业凭借雄厚的资金、技术优势和先进的专业管理经验，全面进军国内市场，加剧了市场竞争。跨国会展企业为了推行本土化建设，不惜重金挖走国内优秀会展人才，加剧了对人才尤其是高素质人才的争夺，这对原本就人才短缺的本土会展企业无异于釜底抽薪。

2.4　基于钻石理论的北京市会展经济竞争优势分析

从会展经济在世界的发展状况看，一国或地区的会展经济实力和发展水平是与其综合经济实力和发展水平相适应的。会展经济发达的国家和城市具有几个共同的特征：一是自然条件优越，交通便捷，对外开放度较高；二是经济发达，具有产业优势，即某一项产业或某几项产业颇具世界影响力；三是具备完备的会展产业链，包括策划、招商、宣传、场馆和器材的租赁以及会展协调和评估等；四是拥有良好的基础公共设施，包括城市基础设施和与会展产业相关的基础设施；五是建立有良好的会展产业发展机制和保障机制。可见，并不是所有的城市都有条件发展会展经济。

钻石理论，又称菱形理论或国家竞争优势理论，通常用波特钻石理论模型（见图 2－7）来分析一个国家特定产业是否具有竞争力。竞争力是指一个行为主体与其他行为主体在竞争某些具有相同特点资源时的能力和表现，这种行为主体的应用范围是比较广泛的，可以是国家、地区、组织、行业，也可以是个人。波特钻石理论模型的基本要素包括：生产要素，市场需求条件，相关及支持产业，企业的战略、结构和同业竞争，机会，政府。

会展城市的竞争力，也就是一个城市或地区相较于其他城市或地区争取有限会展资源的能力和水平。本章用波特钻石理论模型要素构建较为全面和客观的会展业竞争力指标体系进行分析和评价，主要由以下六大因素构成：社会经济发展综合条件、会展市场需求

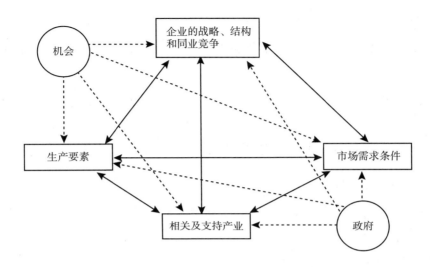

图 2-7 波特钻石理论模型（国家竞争优势理论）

状况、相关产业和支持产业、会展企业的实力、政府和机遇，具体
见表 2-5。

表 2-5 城市会展业竞争力要素

总要素	具体影响要素
社会经济发展综合条件	自然环境、区位条件、经济发展水平、资本资源、基础设施、城市形象
会展市场需求状况	市场规模、国内会展需求的增长率
相关产业和支持产业	旅游业、酒店业、餐饮业、广告业、交通运输业等相关联产业
会展企业的实力	会展企业、会展服务企业、会展行业协会
政府	会展管理体制、政策
机遇	产业定位和规划、重大事件

一个城市会展业的发展可以在产品、技术、营销等方面获取比
较优势，大大降低国内资源的机会成本，有助于增强城市的综合竞

争力。从城市会展业竞争力六大要素的角度，可以全面客观地分析和评价一个城市或地区发展会展经济的竞争条件，清楚地发现本地区发展会展业的优势及劣势，从而扬长避短，为制定合理的发展策略提供借鉴。

2.4.1 社会经济发展的综合条件

社会经济发展的综合条件即波特钻石理论模型中的生产要素，既包括天然资源、气候、地理位置、非技术工人、资金等初级要素，也包括现代通信、信息、交通等基础设施，以及受过高等教育的人力资源、研究机构等高级生产要素。

（1）首都城市、世界城市定位的区位优势

北京总体自然环境较好，经济区位优势突出，交通条件良好，既是全国的经济中心，也是环渤海区域的经济中心。在环渤海经济圈中，北京占据着龙头地位，地处环渤海中心地带，是我国经济由东向西、由南向北推移的重要枢纽。北京的个性非常鲜明，作为首都具有比其他城市更多的象征意义和展示作用，拥有首都优势和国际化大都市优势，国内外许多重要会议都选择北京作为举办地。北京在国内外均具有较高的知名度和美誉度，这是国内其他城市所无法比拟的注意力资源优势，为发展属于注意力经济范畴的会展经济提供了独特的优势条件。

（2）GDP和第三产业快速增长

除场馆和配套服务设施等环境条件外，产业基础和市场基础也是展览业发展的重要条件甚至是更重要的条件。人均GDP反映了一个地区的综合经济实力，代表了一个地方的基础设施和公共支付水平。按照联合国衡量一个国家或地区财富水平的标准，人均

GDP 达到 8000 美元意味着这个国家或地区达到了中上等发达国家的标准。由图 2 - 8 可以看出，2014 年北京市 GDP 突破 2.1 万亿元，GDP 增速为 7.03%。

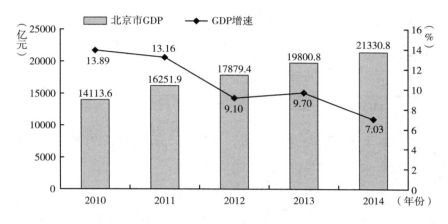

图 2 - 8　2010 ~ 2014 年北京市 GDP 及其增速

注：GDP 增速按可比价格计算。

资料来源：《北京统计年鉴》（2011 ~ 2015 年）。

会展业是依托城市服务业的综合性产业，北京城市服务业发达，2014 年北京市第三产业产值占 GDP 的比重已经达到 78.3%（见图 2 - 9），产业结构不断调整优化为会展活动的开展提供了源源不断的内容空间，第三产业的比重已与纽约、伦敦等世界城市十分接近。北京市第三产业结构贡献率的增长为会展经济的发展提供了有力的保障，有了更优质的服务，从而会吸引更多的参展观众。

在会展业发达的国家，会展收入占 GDP 的比重一般为 0.1% ~ 0.2%。2010 ~ 2014 年，北京市会议收入与展览收入占 GDP 的比重皆高于 0.4%（见表 2 - 6），这表明中国会展业的经济贡献率要高于其他国家。

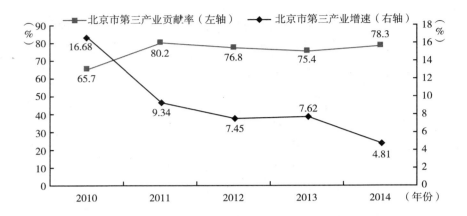

图 2 - 9　2010 ~ 2014 年北京市第三产业贡献率及其增速

资料来源：《北京统计年鉴》（2011 ~ 2015 年）。

表 2 - 6　2010 ~ 2014 年北京会展业的经济贡献率

年份	GDP（亿元）	会议收入（亿元）	展览收入（亿元）	会议收入占GDP 比重（%）	展览收入占GDP 比重（%）
2010	14113. 6	95. 74	70. 38	0. 68	0. 50
2011	16251. 9	125. 21	79. 15	0. 77	0. 49
2012	17879. 4	137. 85	95. 93	0. 77	0. 54
2013	19800. 8	119. 22	97. 04	0. 60	0. 50
2014	21330. 8	102. 20	92. 50	0. 48	0. 43

资料来源：《北京统计年鉴》（2011 ~ 2015 年）。

（3）丰富的社会、文化资源

作为国家首都、全国政治文化中心和国际化大都市，北京的城市综合服务功能取得了长足发展，成为全国的交通枢纽和物流、人流、信息流的集散地，会展资源十分丰富。一是组织资源充分，中央机关、部委及所属单位众多。二是全国性的行业协会大多在北京，具有综合性的专业分工特点。作为对外政治、文化中心，北京集聚了全国最主要的一批金融机构、文化科研机构、企业总部，可以最大限度地满足会展业发展过程中的政策、信息、交往等方面的需求。与此同时，北京拥有全国最多的高等学府和研究机构，国内外的会展公司纷纷来京发展，进一步带动了会展人才的集聚，形成了会展业发展的市场服务体系。北京具有其他省市难以比拟的人才优势，作为中国信息化水平最高的城市，智力高度密集，集聚了几乎所有行业领域的精英，这种高等级的城市地位也决定了会展业将向着更为"国际化"和"高端化"的方向发展。

2.4.2 国内市场的需求条件

国内需求市场主要是指产业发展的动力，国内的需求特点对于塑造本国产品的特色具有重要的推动作用。如果国内市场的消费者对产品需求的要求较高，会有助于该国企业赢得国际竞争优势，因为高要求的消费者会迫使本国企业努力达到产品高质量标准，进行产品创新。

北京特殊的城市地位和城市吸引力，使得北京会展业面临巨大的国内外需求。全国性会展以及国际性展览和会议在中国的首选城市就是北京，以政治、文化、科技为主题的会议需求较大，专业性观众较多。随着经济的增长和人们可支配收入的增加，北京市的市场需求不断扩大，消费层次和消费档次不断推动消费结构发生变化，投资结构和消费结构优化则成为北京市经济增长的重要动力。由于北京巨大的市场影响力，北京市场不仅仅局限于北京地区，对全国的消费都具有很强的示范作用，消费偏好和消费模式会通过各种信息传播渠道迅速影响全国，特别是对中西部地区有着重要的消费示范作用，这种消费示范作用也成为众多会展活动在京举办的重要原因。

2.4.3 相关支持性产业

对于形成国家竞争优势而言，相关支持性产业和优势产业是一种休戚与共的关系。产业要形成竞争优势，就不能缺少世界一流的供应商，也不能缺少上下游产业的密切合作。波特的研究提醒人们注意"产业集群"现象，这说明一个优势产业不是单独存在的，它一定是同国内相关强势产业一同崛起的。本部分主要分析北京会展产业链相关支持性产业，从而优化北京会展产业链。

（1）完备的会展产业链

产业链理论。产业链是建立在产业内部分工和供需关系基础上的产业生态图谱，产业链可分为垂直的供需链和横向的协作链。在一个产业链中，每个环节都是一个相对独立的产业，因此，产业链也就是一个由多个相互链接的产业所构成的完整的链条。国际上产业的竞争是产业整体实力的竞争，产业整体实力的提升需要通过构建产业链来实现。北京拥有一批高质量、具有专业水准的会展企业和服务群体；长期投资形成的众多达到国际标准的展馆及配套设施为会展业发展提供了便利；日渐成熟的旅游业、酒店业、广告业、交通运输业、通信业、物流业、餐饮业等与会展业形成的服务链，成为北京会展业发展的重要依托。强大的会展经济实力、服务能力、辐射能力、吸引能力，将有助于吸引著名会展落户北京，进而将有力地促进北京会展名城的建设和发展。

（2）服务认知水平整体提升

奥运会为北京留下的包括精神遗产、知识遗产、文化遗产等在内的奥运遗产，特别是所留下的十分珍贵的场馆资源及其他注意力资源，为北京发展建设会展名城提供了强有力的支持。会展经济的核心竞争力是服务，奥运会让北京在城市环境、交通、人文、服务等方面都超出了世人对北京原有的认知水平。政府、企业、普通大众的服务意识得到了很好的强化，服务质量相对来说也提升到了一个新的档次。这对北京国际城市整体形象的提升，以及将来申办国际性会议都是一个较好的契机。

2.4.4　机遇

机遇在增强竞争力方面具有重要作用，机遇可以影响波特钻石理论模型中四大要素发生变化。对企业的发展而言，形成机遇的可能情况大致包括基础科技的发明创造、外因导致的生产成本突然提高、金融市场或汇率的重大变化、市场需求的剧增以及政府的重大决策等。

（1）WTO 机遇

2006 年，我国加入 WTO 后的五年过渡期满，外资加速进入我国会展市场，大量高水平的国际展会及跨国会展企业进入北京，必将为北京会展业带来全新的运作理念、成熟的管理经验、全球会展资源、知名的国际展览以及营销体系等，也必将推动北京会展业的专业化进程。

（2）奥运机遇

奥运是一个辐射全球、影响深远的超级营销机遇，为举办各类展览展示、项目推介以及洽谈交易提供了需求和条件。2008 年奥运会的举办为北京会展业提供了难得的发展机遇，奥运拉动优势明显。绿色奥运、科技奥运、人文奥运理念的推广和实施大大拓展了会展资源空间，各类庆典和赛事活动的安排大大丰富了北京会展业的内容。

（3）环渤海地区经济快速发展和区域一体化进程加快的机遇

环渤海地区是我国最大的工业密集区和重化工业基地，近年来高新技术产业和先进制造业规模化发展，成为北京市会展经济发展的重要产业支撑。同时，以北京为中心的"四横四纵"高速铁路专线网的建设以及京津冀地区主要城市"2小时交通圈"的形成，将进一步增强北京作为国内三大会展城市的吸引力和竞争力。伴随环渤海区域一体化的不断深化以及京津同城化效应的不断显现，区内各城市之间的经济联系将日益密切。作为区域内会展业的龙头城市，北京会展业的发展将更多地获益于整个区域以及国家经济和产业的平稳增长。

2.4.5 政府的大力支持和推广

政府的任务是提供企业所需要的资源，营造产业发展的环境。政府只有正确发挥职能，才能成为扩大钻石体系的力量，政府可以创造新的机遇和压力，政府直接参与的应该是企业无法行动的领域，也就是外部成本，如发展基础设施、开放资本渠道、培养信息整合能力等。

（1）政府高度重视

北京在全国率先研制了会展统计体系，开创了会展行业统计的先河。2005年，北京市统计局、中国贸促会等开始对北京会展业进行统计，这是会展业统计领域从无到有的第一步，同时也是北京市政府摸清北京会展业"家底"的重要举措。针对会展业做行业统计在国内城市中并不多见，据了解，上海市曾经试图建立类似的统计指标体系，但统计范围较小。北京市政府十分重视会展业的发展，在全国率先将会展纳入整体发展规划，2003年组织编制了

《北京会展业发展规划（2004～2008年）》，明确了北京会展业发展的指导思想、目标和原则，提出了发展会展业的具体步骤和措施，并在"十二五"规划中列入了会展业发展专项规划，2011年发布了《"十二五"会展业发展规划》。

（2）重视发展新兴产业和文化创意产业

"十二五"期间，北京市重点发展信息、生物医药、节能环保、新能源等战略性新兴产业；同时，大力推动首都功能核心区文化发展，建设文化功能街区，发展公共文化事业和创意文化产业。这些重大举措为这些领域专业品牌会展的培育和进一步提升提供了极为重要的产业支撑和经济基础。

（3）良好的会展产业发展机制和保障机制

会展保护工作进一步加强。一是出台了全国第一个展览行业知识产权保护的地方性法规《北京市展会知识产权保护办法》，有效减少了知识产权投诉案件的数量。二是结合应对国际金融危机的系列举措，进一步深化落实了北京市会展业营业税差额纳税的优惠政策。三是北京市政府每年安排不低于5亿元的文化创意产业发展专项资金，用于扶持包括会展类项目在内的符合政策重点支持的文化创意产品、服务和项目。另外，通过旅游局，为国际会议的申办行动提供资助。四是积极开展全球性行业资质认证工作的国际合作，包括推出"全环会议专家认证"培训项目等，以提升北京会展策划专业人才的国际化水准。2008年，顺义区实施《顺义区促进会展业发展财政扶持意见》，专门设立会展业发展的专项资金，用于顺义区政府奖励、补贴会展企业，引进会展高级专业人才等，促进了会展业及相关产业的发展。

通过对北京市会展经济竞争优势的分析，可以发现在会展业的竞争要素中，会展企业的实力，会展企业的战略、结构以及同业竞争等缺乏竞争优势，应采取有效的对策提升北京会展企业的总体竞争实力。

2.5　北京市会展经济发展的定位及对策建议

在我国三大会展中心城市中，北京以其得天独厚的资源优势和区位优势，一直引领我国会展业的发展方向，但是北京市会展经济在快速发展的同时也存在潜在的危机和问题，会展市场正经历新的调整和洗牌。北京发展会展经济应制定切实可行的政策与措施，重点从制度与法律环境建设、资源配置、品牌打造和人才培养等方面入手，推进市场化进程，促进北京会展业持续、快速、健康发展。

2.5.1　北京市会展经济发展的定位

随着会展经济的不断升温，会展城市之间争会现象显现，北京的名牌展会面临外流威胁。北京在计划经济时期先于全国发展起来的会展业优势正在被削弱，因此北京需要在新的发展格局中重新审视会展业，制定合理的发展规划，确定会展经济的发展目标，重新定位，切实担纲起北京在建设世界城市中的重要角色。

（1）北京市会展经济的发展目标

根据《北京市"十二五"时期会展业发展规划》，北京将建设成为亚洲会展之都、全球国际会议五强举办地之一、亚洲排名领先的会奖旅游目的地、中国会展行业的引领者，实现会展业以高于全市 GDP 增长率的倍增速度发展，2015 年全市会展业收入超过 300亿元。其具体目标如下。

一是北京会展业的经济功能和社会效益日趋显著。率先形成会展经济与社会协调发展的格局，会展业对相关行业的带动系数保持在1:10以上，实现北京会展业增加值占GDP比重超过0.2%（发达国家标准），成为生产性服务业的重要支柱产业，"十二五"期间北京会展业主要发展指标见表2-7。

表2-7 "十二五"期间北京会展业主要发展指标

单位：亿元

指标	2011年	2012年	2013年	2014年	2015年
会议收入	98~101	113~119	131~141	152~166	177~196
展览收入	69~78	81~96	94~117	109~144	126~176
会展业收入	167~179	194~215	225~258	261~310	303~372

资料来源：《北京市"十二五"时期会展业发展规划》。

二是会展业整体实力实现跨越式提升。2015年，接待国际大会及会议协会（ICCA）会议数量超过130个，接待会奖旅游团队人数年均增长15%以上，举办规模为5万~15万平方米的大型展会30~40个，规模在15万平方米以上的超大型展会10个以上。

三是会展场馆设施规模化和现代化建设加速。2015年，会展场馆硬件设施达到世界一流水准，室内展览总面积达到60万~70万平方米，其中新建规模在20万平方米以上的大型专业展馆1座，在区县建成6处以上可接待定时定址、规模超过1000人的大型国际会议接待中心。

（2）北京的城市定位

《北京市城市总体规划（2004~2020年）》提出了北京未来发展的四个目标——国家首都、世界城市、文化名城和宜居城市，未来的北京将是集这四大鲜明特色于一身的城市。该规划明确提出，在大力发展第三产业需要重点支持发展的七大行业中，要将会展业排在需要重点发展的七大行业的第六位，列旅游业之前。北京世界城市建设不仅依赖第三产业的发展，而且依赖高端服务业的发展，而会展业是其中一种重要的业态，会展业的发展能够极大地拉动经济，促进文化传播与国际经济合作，并迅速提升经济服务化水平。"世界城市"是指国际大都市的高端形态，其对全球的经济、政治、文化等方面有重要的影响。北京的城市性质确定为：中华人民共和国首都，全国的政治中心、文化中心，世界著名的古都和国际大都市。

（3）其他定位要素分析

在"面向世界"发展会展经济的过程中，既要注重结合城市特色打造会展项目特色，又要注重突出城市产业特色、地域特点和文化特性。发展会展经济，定位是根本，特色是关键。因此，城市会展定位关系到能否顺利进行会展市场资源的挖掘与整合，关系到能否进一步优化配套服务。一个城市会展经济的定位准确与否，是能否顺利培育品牌会展的关键所在，它决定了一个城市的会展经济能否做大做强，以及城市形象的塑造能否成功。城市营销也必须通过全面经营活动和社会活动来突出城市形象，因此城市定位与会展定位必须统一。会展定位只有服从于城市定位，才有利于城市营销作用的充分发挥。城市会展业的发展要重视质量、品牌和特色，不求大而全，但求优而特。北京应结合自身的产业优势、文化优势、市场优势等方面的优势，力争做到走差异化道路，形成自有品牌，以特取胜，这是城市会展经济发展的首要问题。在展览主题方面，要做到结合本地产业优势设展。

影响一座城市会展业发展定位的主要因素可概括为城市发展、市场需求、会展机构的实力、会展相关产业和基础设施，具体见表2-8。

表2-8 影响城市会展业发展定位的主要因素

影响因素	具体要素
城市发展	区位、第三产业、对外开放度、旅游资源、历史文化资源、产业结构状况、经济规模以及政治、经济、社会地位和城市的知名度
市场需求	需求规模以及商贸组织的发达程度、规模和优势
会展机构的实力	会展资源、数量、规模以及展会策划能力和执行能力
会展相关产业	搭建、设计、运输、广告、媒体等
基础设施	交通、酒店、住宿、餐饮、购物等配套设施

基于以上分析，北京市的城市定位应是国际化大都市。国际化大都市的特征之一是每天都会有一定数量和质量的国际性会议或洲际性会议在北京举办。具备一定的国际化特征、承办国际展会的数量和规模是衡量一个城市能否跻身国际展会城市行列的一个重要标志。就目前的条件而论，北京无论是在地理位置、市场潜力、市场规模、基础设施还是在国际开放度方面都达到了国际和全国会展中心的要求，这是定位北京建设会展名城的优势条件，但与国际发达会展城市相比，北京国际品牌展会的数量、会展业的服务水平及软件水平等方面与建设世界级会展名城还有一定的差距。北京具有区位、历史文化、经济实力以及科技教育等优势条件，凭借其悠久的历史文化、丰富的旅游资源、比较完善的会展软硬件设施、不断提升的经济实力以及潜在的市场，北京完全有实力成为世界级的会展中心。

结合北京的城市定位和会展业规划目标分析，北京在会展业发展战略中的总体定位应为世界会展名城和中国会展中心。

2.5.2　国外典型会展经济及其对我国的启示

北京会展业在"十二五"时期实现了跨越式的发展，但与国外会展业发达城市相比，北京会展业在规范发展、国际竞争力以及体制、管理、环境、服务等方面还存在较大差距。本章选取了国外三个典型的会展城市，分析其在发展会展经济过程中的特点和优势，总结经验为北京市会展经济发展提供一些启示。

（1）欧洲会展名城——德国汉诺威

德国是世界第一号会展强国，被誉为"世界展览王国"，它以许多知名的会展品牌享誉世界。国际信息及通信技术博览会的主办城市汉诺威，依靠举办会展而一举成为"世界展览之都"。第二次世界大战期间，萨克森州首府汉诺威的大半个城市被毁，战后在废墟上建起了现代化的新城。从1947年第一届汉诺威博览会举办以来，汉诺威国际信息及通信技术博览会成为世界最大的工业博览会，带动了整个萨克森州的经济复兴。汉诺威会展经济的主要特点如下。

第一，展馆基础设施、配套设施完善。汉诺威拥有40多万平方米的展览面积，相当于我国展览业最发达城市之一——上海所拥有的展览面积的3倍多。世界十大展览中有5个在汉诺威举办。相比之下，北京目前举办的国际性展览在数量、规模、质量和效益上与之差距甚大。

第二，政府的大力扶持和持续投资。汉诺威将会展业作为支柱产业加以扶持，确立了"博览会带动城市发展"的城市方针，不仅兴建了大规模的会展展馆，而且出台了一系列优惠政策和鼓励措施，吸引了一大批组展商和参展商。汉诺威还成立了一个城市营销公司，专门推销城市文化和城市精神。汉诺威会展业的发展呈现"在全球办展"的趋势。

第三，优胜劣汰，规模经营的市场运作。经过多年的竞争，目前汉诺威只留下少数实力雄厚的展览公司和一批享誉全球的名牌展会，规模越大，取得的效益越显著。

第四，组织水平和服务质量高。汉诺威会展业的成功得益于"软件"服务的发达，专业的展览公司非常注重参展商的获益情况，并且认为参展商的获益情况将决定展会的生命力。展览公司非常注重为参展商提供包括展台形象设计、参展产品宣传、寻找潜在客户源，以及市场开发等方面的服务。如果有展会门票，可以在展览期间免费乘坐公共交通工具。

（2）美国会展之都——拉斯维加斯

拉斯维加斯市是美国内华达州最大的城市，具有享誉全球的"赌城"称号和"世界会展之都"的美誉。随着全球会展经济的蔓延，拉斯维加斯的会展业与老牌的旅游业和博彩业一同成为城市的三大经济支柱。总结其会展经济的发展特点，主要有以下五个方面。

第一，"以市兴展"，选择合适的城市集中发展会展业。拉斯维加斯是个将博彩、旅游、演出、购物、商贸和会展完美结合的城市，具有全世界独一无二的城市资源。政府重视对城市形象的推广，这是推动拉斯维加斯会展业迅速发展的重要因素之一。会展和观光局负责城市会展、旅游的宣传推广，同时负责经营管理两个重要展馆即拉斯维加斯会展中心和曼德勒海湾会议中心，并管理所有酒店。

这样的职能设置有利于会展、旅游等资源的统一规划和宣传。

第二，城市科学的规划和良好的综合配套设施。拉斯维加斯拥有全美十大展馆中的 3 个，分别是拉斯维加斯会展中心、金沙会展中心和曼德勒海湾会议中心，整个城市会展总面积达 90 万平方米，展馆利用率达 50%～70%，目前还在继续投入进行会展设施的扩建。大小会展场馆相对集中，在展馆附近有世界一流的酒店，并且拥有众多博彩、高尔夫等娱乐设施及国际知名品牌的大卖场。

第三，会展业的市场化运作，良好的软件服务环境。拉斯维加斯完全靠专业商业协会组展和办展，政府不主办任何展会，也不干预任何展会的举办。实行开放式经营，不论何种国籍，不分企业大小，都可以平等、自由地向主办者预订展位。

第四，"做专、做精、做大"，发展高效的专业化会展。拉斯维加斯的会展业以"专、精、大"著称，注重服务效率和细节。高效的组织管理、专业的人才队伍、品牌化的展会以及完善的法规是拉斯维加斯会展业成功的重要条件。

第五，展位租用成本较低。拉斯维加斯会展的展位租用成本与美国其他城市相比较低，物价也低于其他城市，是众多客户参展和购物的天堂。税收政策优惠，如酒店住宿税率为 9%，低于芝加哥（15.39%）和纽约（19%）。展馆租金也不高，约合人民币 19 元/（天·平方米）。

（3）亚洲会展之都——新加坡

新加坡是亚洲会展城市中的佼佼者，具有较发达的基础设施、较高的英语普及率以及较高的服务业水准，一直被列为最具优势的展览城市，被国际协会联合会评为世界第五大会展之都。自然资源奇缺的新加坡，在发展会展经济方面的智力资源无限。与新加坡条件相近的国家和城市并不少，新加坡却独树一帜地成为世界会展领域的佼佼者，这与新加坡展会市场上有一批比较成熟的市场主体不无关系。它们有着比较成熟的市场经验和经营理念。新加坡会展业的主要特点如下。

第一，具有优越的地理位置和完善的基础设施。新加坡处于枢纽地理位置，会展的地理位置十分优越，非常适合举办国际性会展，新加坡机场是世界上最好的机场之一。新加坡博览中心面积达6万平方米，是除日本之外亚洲最好的展馆。

第二，有近百家颇具实力的会展公司，实行市场化的运作方式。国际上最大的会展公司励展集团亚洲总部就设在新加坡，新加坡的会展公司十分重视品牌展会建设，一般都有自己的市场调研部门或人员，根据市场需求确定会展项目。会展公司不存在刻意降低参展费用和场租等恶性竞争。如新加坡展览服务私人有限公司曾想举办一个建筑方面的展览，后来发现别的公司已办过这方面的展览，便放弃了。

第三，注重展会的质量，强调服务为本的经营理念。新加坡认为会展观众的数量并不是最主要的，更注重的是观众的质量、是否属于专业观众，以及对参展商的发展是否有帮助。通常组织者会发放调查表，以了解参观者的基本情况。目前北京市场的展会很多，但真正形成规模和品牌的展会还不多，而且展览常常是两种价格，即对国外参展商采取一种价格，对国内参展商采取另一种价格，比较复杂，国内厂商出国参展也比较麻烦。

第四，政府视会展业为经济支柱，投入巨资建设一流展览场馆。政府的主要作用是活跃经济和加强基础设施建设，其作用主要是协调和配合方面。新加坡展览会议署只是协调配合，不向会展公司收取任何费用，举办会展没有管理限制法规，也不需要任何审批手续。这与北京举办展会多头审批、多头管理的复杂申请流程不同，影响了北京会展资源整体优势的有效发挥。

通过分析可以得出北京市会展经济发展过程中存在的主要问题：管理体制仍未理顺，会展行业行政主管机构仍不明确，多头管理；现有展览场馆在规模和设施条件上难以满足大型国际品牌展会的需求；会展产业集聚发展不足，综合配套与服务不够完善，市场化的运作有所欠缺；会展业促进体系有待完善，政策支持力度明显偏小，会展人才缺乏，会展信息咨询和发布系统有待完善。

2.5.3 北京市会展经济发展的对策建议

通过对北京市会展经济发展定位的分析和国外典型会展经济发展的启示可以得出，发展会展经济应本着扬长避短的原则，充分发挥优势资源，本部分就目前北京市会展经济发展存在的问题提出以下建议。

（1）着力培育和建设会展产业集聚区

依托北京的产业集群发展特色和产业发展方向，打造不同的会展经济发展模式，即在内容上各有特色、功能上互补的共赢合作发展模式，避免同质化竞争。结合北京城市空间结构调整和产业发展情况，以产业集聚和业态创新发展为目标，重点建设四大会展业综合发展核心功能区，即顺义新国展片区、奥体会展片区、国展－农展馆片区、首都会展片区（大兴），各核心功能区的发展方向见表2－9。

（2）明确政府职能，改革管理体制

明确北京展览业的政府管理职能部门。在机构设置上与发达国家及国际会展奖励业接轨，研究设置独立的北京会展业发展促进机

表 2 - 9　北京市四大会展业综合发展核心功能区

功能区	发展方向
顺义新国展片区	以承接大中型展览为主、相关会议为辅,依托新国展(包括二期)及花博会场馆,完善周边服务设施与交通配套,建成具有集聚效应的会展综合服务功能区
奥体会展片区	以承接国际重要会议为主、中小型展览为辅,依托国家会议中心和北京国际会议中心等设施,结合文化科技活动、大型文艺演出和重大体育赛事的承办,打造多业态融合发展的国际会展服务中心
国展 - 农展馆片区	整合展览场馆及周边的商务酒店资源,实现中小型展览和会议并举发展
首都会展片区(大兴)	结合首都新机场建设契机,以大型场馆(展馆面积在 20 万平方米以上)建设和"服交会"品牌培育为启动,留足发展空间(3 ~ 5 平方公里),在北京南部地区(大兴)全力打造以会展业为龙头、配套齐全、设施一流、与相关生产性服务业融合发展的中国会展航母

资料来源:《北京市"十二五"时期会展业发展规划》。

构作为行业行政主管部门,明确会展行业归口管理的权威机构,强化政府层面对北京市会议业、展览业和奖励旅游业发展的统筹与宏观调控以及部门协调和资源整合等方面的服务功能。鉴于北京的特殊地位,中央单位掌握大量会展资源和决策权,北京会展业发展必须协调好与中央单位的关系,牢固树立中央单位为在京举办会展活动服务的观念,充分挖掘中央单位的优势,调动中央单位在京举办会展活动的积极性,建议成立首都会展业发展促进协调委员会,形成一种机制,经常与中央单位沟通,争取中央单位的支持。

完善会展行业协会职能与作用,规范行业规则。会展行业协会应充分发挥中央与地方会展机构之间、政府与企业之间的桥梁与纽带作用,在政府有关部门的指导下,完善会展业的统计体系,制定会展行业标准和经营行为规范；由会展主管机构牵头，在深入调研和吸纳相关政府部门、会展企业和专家意见的基础上，尽快起草出台各项法规和制度，制定展会评估体系与品牌展会评定标准，鼓励和引导办展机构进行展会数据第三方审计，出台北京市会展业发展管理办法。管理办法要对会展管理体制和协调机制加以明确，鼓励专业会展公司和行业协会成为商业性会展的主体；明确政府部门和机构办展的条件，对会展项目的登记审批及备案、信息发布、安全措施、知识产权保护、违法监督及投诉处理等方面的行为予以规范；同时明确人才培养、对外合作等方面政府层面扶持的内容。通过立法鼓励北京会展业有序竞争、规范办展，为会展业健康发展营造良好的法治环境。

简化审批手续，改变多头审批、政出多门的状况。逐步向登记备案制度转变，改进工作作风，转变工作态度，增强服务意识，努力为会展举办单位提供优质服务；建立包括政府主管部门、工商、海关、商检、税务、金融、公安消防、交通运输、展品留购在内的一条龙服务体系，简化手续，提高效率，优化国际展会市场环境，提高对北京属地会展行业的服务水平，提升管理协调能力。通过立法明确会展行业的具体内容，界定有关行为主体的职责范围，规范会展市场和经营行为，协调各方关系。保证北京会展业发展有法可依、有章可循，为会展业的发展营造一个良好的法治环境。

（3）改进会展硬件，提升服务软实力

集中力量对占有一定会展市场份额的老场馆进行挖潜改造和设施配套。对老展馆进行智能化和信息化建设，拓展展览空间，增加停车及餐饮设施，强化公共交通的直达性。加强现有专业会展场馆（特别是国际展览中心新馆）周边地区的设施配套和功能完善，创新发展服务业态。按照会展商务区或会展产业集聚区的要求配套宾馆、会议中心、商务楼以及餐饮和相关休闲娱乐业态；吸引会展相关配套企业（广告、公关、搭建、物流、咨询等）入驻，形成集聚效应。会展业的发展，其本质是以服务为支撑的，必须紧紧抓住这个"兴会展之根本"，采取新思想、新方法、新举措，为会展经济发展营造新环境。提升中心城区会议设施的服务水平和接待水平，鼓励会议服务技术创新，加强个性化服务。只有提升会展业服务水平，才能让会展业在北京世界城市建设中发挥更大的作用。

（4）健全会展业融资政策体系

设立会展发展基金。基金筹措可根据谁投资、谁受益的原则，由政府、会展企业及相关行业分别按规定比例共同出资。在基金使用上，主要用于展会的招展，具有一定规模和社会效益且实行市场化运作的组办单位的品牌展会推广，以及国际级、规模大、效益好的会展工作经费。部分资金可以用于设立会展风险投资基金，用于优秀会展项目以及具备良好商业计划的会展企业引进风险投资基金或引进风险投资公司。充分发挥财政资金的引导和激励作用，建立会展业发展专项资金，市财政每年安排一定的资金（不低于3000万元）专项支持会展业发展，用于鼓励和支持大型品牌展会项目、重大国际会议的引进或连续举办，经国际权威会议机构认定的国际会议在京申办，在本市举办的展览申请通过国际展览联盟认证，本市会展企业组织出国参展及产品的国际推广活动，会展信息平台建设，以及对会展人才引进和培养做出突出贡献的企业、个人给予补助或者奖励等。同时，配套出台《北京市会展业发展专项资金使用管理办法》，落实奖励细则，规范会展专项资金的使用，基金管理方面设专门的会展基金管理部门，或由会展行业协会统一管理。

适当引进民间资本和外资。努力夯实会展业的资本实力，在政策允许的范围内，合理引进社会的、民间的资本，让它们也参与到场馆的建设和运营中。这样无论是在会展建设的硬件方面，还是在会展人才的培养方面，都有资金做保障，各类人才的综合素质也会得到更大的提升。引进外资能够有效提高北京会展业的管理水平和竞争力。通过引进外资缓解北京市会展经济资金紧张的问题；通过开展国际合作建立广泛的国内外展览关系网，加快会展市场的对外开放；通过加入国际展览管理协会和全球展览协会等世界展览机构，提高会展企业的管理水平，从而提高北京会展业的整体水平和竞争力。

实行税费改革，扶持会展业发展。对本地会展企业，允许以扣除实际代付的场租费、展台搭建费、参展客商差旅费后的余额为营业额，照章征收营业税，对于异地会展企业的税收优惠，建议按照旅游业营业税的征收规定执行。各级财政、金融部门对重点会展项目或品牌项目给予资金支持，如可优先安排贷款，提供低息、贴息贷款等支持。针对部分行业营改增后税负可能增加，不利于会展企业发展的情况，北京应设立财政扶持资金，对其进行财政扶持。

投资土地的盈利模式。会展经济最有利的盈利模式是通过周边土地的升值实现投资回报，因此在规划展馆建设时，对于不考虑设置在市中心的场馆，政府要在建设场馆时考虑征用场馆中心辐射周围一定范围内的土地，在场馆盈利 2~3 年后，再把土地分割出去，赚取土地升值的回报，这让最初建场馆投资的资金得到了有力的保障。

（5）加强培养高素质会展专业人才

高素质的会展专业人才既是会展文化的集中体现，也是会展成功举办的重要保证。通过健全的人才培养机制不断提高会展从业人员的素质和业务知识水平，保证北京会展业的服务质量和管理水平，为打造国际化的品牌展会奠定人力资源基础。

建立健全会展人才培养机制与体系。积极发展会展高等教育，鼓励和支持北京更多的高等院校设立本科及硕士研究生教育层次会展经济与管理专业；有计划地发展一批以国际会展项目管理、会展策划与管理、招展、会展与广告、会展商务、会展旅游等专业为重点的职业教育学校；通过院校、中介组织和会展企业三条渠道组织经常性会展职业短训，对现有会展从业人员和会展管理人员分期分批进行在职培训；充分认识会展专业实务可操作性和流程性极强的特性，重视会展高等教育与职业教育的结合，推行理论与实践交叉学习的教育模式。鼓励会展教育定制化，与组展商合作培养专业人才，实现课程设置模块化、实习活动主题化、理论和实践循环互动的良好机制。注重国际会展培训体系的整体引进，同时结合实际逐步实施本土化内容。

加大会展人才引进与人才交流力度。组织专门培训，提高会展组织人员的外语水平和经营管理技能；通过与国际知名的会展公司或会展研究机构合作，共同培养高素质的会展人才；通过参加国际级的会展研讨会，获取先进的理论知识。另外，还要加强政府、企业、高校之间的合作，根据需要培养多层次的会展人才，对北京会展业的发展储备人才。以行业协会为主导，与国际展览管理者协会、国际展览业协会等国际会展组织或机构合作开展会展业高级人才培训或研修项目，形成会展高等教育与会展职业教育、会展职业短训相结合的会展教育与会展人才培养基地。定期选派会展业相关管理部门人员到中国香港、新加坡、欧美等会展业发达国家或地区进修学习。

建立评估机制和专业人员聘用体系。建立会展业的职业资格等级制，有计划、有目的地提高不同层次会展人员的专业水平。继续推行助理会展师、会展师、注册会展师、高级会展师四个等级的岗位资格培训，对于考核合格者颁发"北京紧缺人才培训工程会展岗位资格证书"，其个人信息将被纳入紧缺人才数据库。

（6）大力发展世界级的品牌展会

从世界会展经济的发展趋势来看，综合型会展明显减少，专业型会展在规模、内容、品种、形式上大幅发展。会展业的兴旺与其他产业的发展一样，需要名牌的支撑。创新展览项目是提升会展组织者核心竞争力的关键。一个展会必须创出品牌，一届一届地办下去才可能实现盈利。因此，要结合北京本地区的资源优势及特点，确定办展内容，使会展富有特色，创名牌会展，不断增强北京会展业的竞争实力，同国外发达地区的会展业开展有效竞争，促进北京会展业的可持续发展。

文化创意类展会的开发。在"十二五"规划中，文化创意产业发展被确定为未来北京支柱型产业的发展目标。会展业本身属于文化创意产业的范畴，因此会展企业应把握住产业发展动向，及时调整自己的会展项目。北京文化创意产业作为对外文化传播中心，需要融入国际潮流，无论是娱乐时尚还是技术趋势，都需要考虑以下相关的因素：第一，提炼中国文化的核心元素，融入文化艺术产品中，并通过创造性的转化，推出真正的"华流"；第二，加强国际合作创意产业的资源整合，引入大型国际化公司和设计事务所，实现时尚前卫化的目标；第三，引入国际化的设计培训公司，有计划地推动高端人才的培养；第四，有计划地翻译部分优秀作品并输出，特别要借助驻外机构的力量进行。

打造具有北京特色的品牌会展。在成功举办奥运会的基础上，总结经验，精心谋划，整合资源，打造在全球拥有更大影响力的会展活动。积极鼓励发展本土大型展会，通过扩大办展规模和提升办展质量，逐步培育一批北京特色品牌展会，使其发展成为国家级国际经贸展览会，扶持和培育一批国际化、专业化程度较高的品牌展会。在打造品牌展会的同时，要及时申请商标注册，避免产生产权纠纷。借鉴国际会展经济的运营手段，严格审核参展商的参展资格，在让参展观众提供邀请函的同时，对其设定相应的门票价格，保证会展的质量。通过有力的政策，培育一批有核心竞争力的中小型国际专业展会。借助环渤海地区在资源、技术等方面的互补优势，在会展经济发展过程中加强合作，打造区域品牌会展。

积极申办国际知名会展活动。知名会展活动带来的经济效益与社会效益是不言而喻的，北京已见证了奥运会给一个城市建设带来的变化。北京要更加积极地申办世界级的会展活动，通过政策优惠、制度保障等手段大力引进一批国际知名品牌展会和国内品牌展会落户北京，借助这些知名活动的举办，进一步扩大会展的规模，提高会展的质量，提升城市影响力。

发展绿色会展。生态、环保是国际会展业的发展趋势，近年来气候变化问题越来越突出。在这种情况下，北京应将绿色会展的理念融入会展经济发展的过程中，从规划、主题、活动和事件四个方面重视环保，避免不必要的污染与浪费，还城市一个纯净的空间。应本着"以人为本"和"生态环保"等可持续发展的理念规划建设未来会展场馆。展览搭建应选择使用易回收的材料以及注重节能降耗和"三废"处理的材料，如小型桁架、折叠展架等，其中铝合金桁架的使用已经被推到一个顶点，常常利用桁架来实现整体展台。在展会期间，建议乘坐公共交通工具，减少纸张印刷，减用纸杯，展览摊位设施的材质可否回收等问题都应在展会组织者考虑的范畴内。

（7）优化会展资源配置

会展业的集团化发展可以优化会展产业结构，促进北京会展业由粗放型发展向集约型增长转变，从而提高全国会展业的国际竞争力。积极吸引国内外大型旅游会展总部或分支机构落户北京，引导形成旅游会展总部经济集聚区。不刻意强调国内、国外会展企业，双方应该互相借鉴学习，协调实现双赢。通过联营、并购、参股等形式，培育一批实力雄厚、竞争力较强的会展企业从而实现资源整合，支持和鼓励会展企业向集团化发展；实行多元化经营、跨地区经营和跨行业经营，依托国际、国内两个市场，培育并扶持会展企业向集团化发展。打造多艘代表市场发展方向的中国会展业"航母"，塑造企业品牌，使北京会展业走上规模化经营之路。目前北京大多品牌会展由政府主导，随着会展业市场化的发展趋势，应加快北京会展业市场化进程，鼓励会展企业有序竞争，成为市场的主体。

从会展产业链的三个环节——地方政府、组展商、配套企业角度出发，优化会展产业链（见表2-10）。政府、会展主管部门以及行业协会要树立系统思维和整体观念，既要协调好与环渤海地区其他城市会展业的错位发展，进而避免整体内耗、降低经济效应，又要协调好北京会展业与北京及环渤海地区其他产业的发展关联。合理规划会展，提升会展产业供需链中组展、场馆、配套服务三大环节的专业服务能力、信息化能力和产业协作链的能力。大力发展装饰装潢、信息咨询、广告宣传、展品运输、宾馆酒店、旅游票务等传统会展服务业态；积极培育和发展会展新业态，如专业会展审计机构、专业会展技术服务公司、服务总承包商、新型会展媒体等，为会展活动提供优质、高效的全方位服务。

表2-10　会展产业供需链和协作链

产业链类型	涉及产业
产业供需链	会展场馆、住宿餐饮、旅游景区、交通运输、邮电通信业等
产业协作链	策划业、咨询业、会展设备供应商、装饰装潢师、广告代理商、法律咨询公司、公关公司、保安公司、会展创意设计公司、医院、印刷公司等

图2-10为会展业发展与城市经济增长及产业结构优化的作用机理与效应。具体来说，通过组织运营、场馆经营和配套服务的发展，在规模扩张和质量提升的同时推动会展业发展，实现会展资源要素的集聚、流通与整合。对于直接相关产业，要重视增进互动性和扩大波及效应；对于小规模展会，可以向环渤海地区转移，形成向纵深发展的会展经济发展布局；对于非直接相关产业，要多宣传会展的功能效应，让会展业在环渤海地区的工业化、信息化以及经济转型等方面发挥重要作用。与国际接轨，建立一套科学的、合理的反哺机制，对于一些因会展经济发展而受益的相关行业，如旅游业、通信业、交通业、餐饮业等，应从受益中划出一部分反哺会展业，这样才能真正实现会展经济效益的最大化，实现产业结构的优化，进而促进城市的发展。

（8）采取适合的城市会展国际化促销策略

促销策略是影响会展市场顺利发展的关键因素，世界上许多国家的会议或展览业之所以能取得巨大成功，并在国际上享有盛誉，

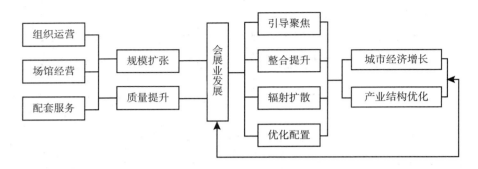

**图 2 – 10　会展业发展与城市经济增长及产业结构
优化的作用机理与效应**

在很大程度上得益于其高效有力的促销活动。积极开展城市营销，打造北京"亚洲会展之都""世界城市"的美好形象，进而通过城市的品牌效应来放大会展业的经济效应。城市会展业整体营销的内容十分庞杂，在具体实施过程中还需要多个部门的支持，以提高营销资源的利用率，因此必须由政府来组织实施。借助北京是中国最大的科技研发中心这一优势，大力发展以信息化为先导的高科技产业，并实现其与会展业的结合，如发展会展业的电子商务和网络营销，提高办展效率和会展的虚拟影响力。

　　加大国际会奖旅游（会展及奖励旅游）市场的开发力度。在会展营销方面，由政府部门牵头，会展企业自愿参加；在资金来源上，由当地财政承担绝大部分，参加促销的企业缴纳一部分。针对国际会奖旅游市场需求，强化主题宣传，打造会奖品牌。策划印制精美实用的专项宣传促销手册，推出独具北京特色的产品和服务项目，包括景区景点与消费项目、演出节目、主题晚会、活动策划、豪华住宿与特殊交通工具选择等，公布问讯电话、海内外办事机构和会奖旅游网址，加大北京作为国际会奖旅游首选目的地的宣传力度。

建立顾客导向型的会展活动服务体系。大力培育会展业的买方市场，利用需求去创造供给，实现会展业的良性运行。以客户的需求为中心扩大会展服务的范围，保持展商和观众的忠诚度，进而吸引更多的参展商和观众。明确会展客户的消费特点和行为，以参展商的消费需求为中心，培养具有专业素养的客户群，实现客户群的专业化、固定化与高层次化。了解客户对会展业的实际需求，从消费层面推动整个行业的发展与进步，创造会展发展所需的强大内需，实现会展产业的内生性增长。成功的展会需要有鲜明的特点和长远的规划，国外大部分展会属于专业展会，其优势就是观众的专业化，北京会展的内容重心也应向专业化转移，让参展商和专业观众互为目标，二者可以相互交流，既可以吸引专业厂商的注意力，又容易形成规模效益，增加主办者的经济收益。

以电子商务的方式展开整体促销。借鉴国外展览公司的成功经验，通过网络来开展整体促销。结合信息化的高科技产业，推进网络营销，以互联网为基础平台，结合数据库、多媒体技术和网络营销技术，通过全面收集和规范各种会展信息，建立通畅的会展信息传播渠道，使公众对会展活动产生浓厚的兴趣，进而参与其中。利用互联网与参展商、专业观众进行互动式交流，以便及时发现服务中的问题并及时解决，同时将下一届展会的信息发布出去，这样有助于参展商制订下次参展的计划。

2.6　结论

本章通过对北京会展业发展现状进行分析，发现北京会展业存在会展集聚效应优势不明显、市场发展环境有待改善、展馆配套设施不完备、品牌建设不充分、面临国内外会展城市的竞争等方面的问题，并分析了问题存在的原因。进一步，利用波特钻石理论模型对北京会展业的竞争力进行分析。并且，在分析国内外会展业成功发展模式的基础上，结合北京市会展业发展的实际情况，提出相应的对策建议。

第一，科学合理地制定发展规划，充分发挥会展业的集聚效应，是北京会展业实现快速发展的前提条件；注重品牌化、国际化、有影响力的会展品牌建设，只有打造一批知名的会展品牌，才能推进北京建设世界城市的目标，提升北京会展业在亚太地区乃至国际的竞争力。在此基础上，深度挖掘会展活动丰富的内容和形式，尤其是节庆会展活动有着广阔的发展前景。完善会展设施相关配套服务能力，从而提升北京会展业的国际化水平，实现"世界会展名城"的发展目标。

第二，在会展业发展的过程中，必须注重政府、协会和企业三方的协调发展。政府要合理定位，充分发挥职能，起到积极的引导作用。在市场经济条件下，行业协会对推动会展业发展起着重要的纽带作用。北京还没有明确展览业管理的职能部门，行业协会的协调也不甚完善。如何进一步完善职能，是北京会展业实现国际化转型的重要条件。总之，只有政府、协会和企业合理定位，各司其职，各尽其能，才能形成合力，共同提高北京市会展经济的发展水平。

第三，提升会展企业的核心竞争力，优化资源配置。会展企业无疑是决定会展行业发展的核心力量，会展业的集团化发展可以优化会展产业结构，促进北京会展业由粗放型发展向集约型增长转变，从而提高全国会展业的国际竞争力。必须加强会展业在区域间的合作，通过企业以及城市的跨区域合作，互相借鉴成功的发展经验，进一步整合优势资源，增强城市会展业的竞争力，避免在低水平状态下恶性竞争，从而有力地推动会展业持续健康发展。

第四，通过健全的人才培养机制不断提高北京会展业的服务质量和管理水平。会展专业人才的缺乏是制约北京市会展经济发展的瓶颈。北京有着丰富的教育资源，应当在培养会展专业人方面开展大量的工作。除了学历教育，如何拓展专业人才的专业知识与技能相结合的能力成为紧迫而现实的问题。

3
北京市电子信息产业升级研究

3.1 引言

北京是我国的政治、文化中心，也是国际交往中心和科技创新中心。"十二五"时期是北京提出建设世界城市、全面实施"人文北京、科技北京、绿色北京"发展战略后的第一个五年。电子信息产业是北京工业的支柱产业，在全球金融危机对实体经济的影响尚未结束的情况下，推动电子信息产业再上新台阶，实现跨越式发展，对于推动北京经济社会发展至关重要。

3.1.1 研究问题、目标与意义

电子信息产业是研制和生产电子设备及各种电子元件、器件、仪器、仪表的工业。电子信息产业属于军民结合型工业，一般来说，由广播电视设备、通信导航设备、雷达设备、电子计算机、电子元器件、电子仪器仪表和其他电子专用设备等生产行业组成。具体来说，电子信息产业细分为投资类产品、消费类产品和元器件产品三个大类。

电子信息产业是在电子科学技术发展和应用的基础上发展起来

的。对于电子信息产业来说，由于生产技术的提高和加工工艺的改进，集成电路差不多每三年就更新一代；大规模集成电路和计算机的大量生产与使用，以及光纤通信、数字化通信、卫星通信技术的兴起，使电子工业成为一个迅速崛起的高技术产业。电子工业的发展及其产品的广泛应用，对军事领域产生了深刻的影响：改进了作战指挥系统。第一次世界大战以来，无线电通信成为军事通信的基本手段，被称作军队的"神经"系统。利用电子技术，通过由通信、雷达、计算机等电子设备组成的指挥自动化系统，改变了传统的通信、侦察和情报处理手段，大大提高了军队指挥在现代战争条件下的效能，改进了武器装备系统。电子技术的发展和电子产品的应用，大大提高了现代武器的威力和命中精度；电子器件成为现代武器装备的重要组成部分，电子技术是导弹、军事卫星及其他高技术武器装备制导和控制的核心，无论是战略武器，还是战术武器，其性能高低都同电子技术有密切关系。

中国的电子信息产业出现于20世纪20年代。1929年10月，中国国民党政府军政部在南京建立"电信机械修造总厂"，主要生产军用无线电收发报机，随后又组建了"中央无线电器材有限公司""南京雷达研究所"等研究生产单位。中华人民共和国成立后，政府十分重视电子工业的发展。最初，在中央人民政府人民革命军事委员会成立电讯总局，接管了官僚资本遗留下来的11个无线电企业，并与原革命根据地的无线电器材修配厂合并，恢复了生产。1950年10月，中国政务院决定在重工业部设立电信工业局。1963年，国家决定成立第四机械工业部，专属中国国防工业序列。这标志着中国电子信息产业成为独立的工业部门。

1983年，第四机械工业部改称电子工业部。中国的电子工业经过几十年的建设和发展，已经具有相当规模，形成了军民结合、专业门类比较齐全的新兴工业部门。20 世纪 90 年代初，中国电子工业已经能够主要依靠国产电子元器件生产 20 多类、数千种整机设备以及各种元器件，许多精密复杂的产品达到了较高水平，并形成了雷达、通信导航、广播电视、电子计算机、电子元器件、电子测量仪器与电子专用设备六大产业。中国电子信息产业已具备门类齐全的军用电子元器件科研开发与配套能力，具备一定水平的系统工程科技攻关能力；基本能满足战略武器、航天技术、飞机与舰船、火炮控制和各种电子化指挥系统的需要。2008 年，电子信息产业所提供的产品都达到了较高技术水平，其中不少达到世界先进水平。2009 年，中国的电子信息产业发展已经基本成熟，电子信息产业成为中国国民经济重要的支柱产业。

2012 年，我国电子信息产业销售收入突破 10 万亿元大关，达到 10.9 万亿元，增幅超过 15%。其中，规模以上电子信息制造业实现收入 84619 亿元，比上年增长 13.0%；软件和信息技术服务业实现收入 24794 亿元，比上年增长 31.5%。

2014 年，我国规模以上电子信息制造业增加值增长 12.2%，高于同期工业平均水平 3.9 个百分点，在全国 41 个工业行业中增速居第 7 位；收入和利润总额分别增长 9.8% 和 20.9%，高于同期工业平均水平 2.8 个和 17.6 个百分点，占工业总体的比重分别达到 9.4% 和 7.8%，比上年提高 0.3 个和 1.2 个百分点。2015 年，中国规模以上电子信息产业企业总数为 6.08 万家，其中电子信息制造企业为 1.99 万家，软件和信息技术服务企业为 4.09 万家，全年完成销售收入 15.4 万亿元，同比增长 10.2%。其中，电子信息制造业实现主营业务收入 11.1 万亿元，同比增长 8.1%；软件和信息技术服务业实现软件业务收入 4.3 万亿元，同比增长 16.1%（见图 3 - 1）。

图 3 - 1　2010～2015 年我国电子信息产业增长情况

资料来源：《2015 年电子信息产业统计公报》。

由图 3 - 1 可知，自 2010 年以来，中国电子信息产业增加值逐年提高，电子信息制造业、软件和信息技术服务业增加值连年增长，但是电子信息产业增速连年下降，2013 年降幅放缓，但从 2014 年开始再一次下降。在当前产业价值链全球化程度不断加深的背景下，我国电子信息产业的发展也随着形势的变化而变化。本章的总体目标是对全球价值链下北京市电子信息产业升级进行研究。具体来说，本章的研究目标将通过以下三个方面来实现：①确定全球价值链下电子信息产业升级的理论路径；②确定北京市电子信息产业在全球价值链中的位置；③提出北京市电子信息产业升级的政策建议。

3.1.2　概念框架

劳动力、资本和技术都是电子信息产业中投入量较大的要素。

劳动力是生产中需要投入的最基本的要素，各行各业的生产，都需要人力的参与，尤其是传统行业，如农业和工业。电子信息产业相对于传统农业和工业来说，起步和发展较晚，但它同样依赖劳动力。

除了劳动力，电子信息产业还高度依赖生产设备。电子信息产业的产出品多是精密的电子仪器、仪表、电子元器件及其组合，因此，生产过程中也需要高精度电子生产设备的支持，而高精度电子生产设备本身也属于电子信息产业。就目前情况来看，很多高精度电子生产设备的核心技术依然掌握在日本、德国和美国等发达国家手中，我国的电子生产设备依然需要高价购买。因此，我国电子信息产业生产所依赖的高精度电子生产设备需要不小的投入，这一部分投入就属于资本投入。

技术投入是生产过程中所需的科技研发投入，对于电子信息产业来说，这也是极其重要的一部分投入。一方面，生产设备上的科技投入，有助于生产设备的升级与创新，打破发达国家对生产设备核心技术的垄断局面，从而降低对先进生产设备进口的依赖，同时也能降低生产成本，获取更多增加值。另一方面，生产过程中的科技投入，则有助于产品的升级与创新，提高产品的国际竞争力，同时也能提高产业的增加值。

本章的概念框架见图 3 - 2。

3.1.3　研究方法

本章通过构建生产函数，研究劳动力投入、资本投入和技术投

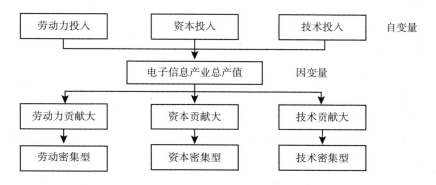

图 3 - 2　概念框架

入等要素对北京市电子信息产业总产值的贡献程度，并以各个要素的贡献度为衡量依据，确定北京市电子信息产业的性质，进而确定北京市电子信息产业在微笑曲线和全球价值链中的位置。

在本章的研究中，电子信息产业主要包括电子及通信设备制造业和计算机及办公设备制造业，涉及的行业囊括通信设备制造业、广播电视设备制造业、雷达及配套设备制造业、视听设备制造业、电子器件制造业、电子元件制造业、计算机整机制造业和其他电子设备制造业。

3.1.4　创新点

目前产业升级已经有了比较成熟的理论体系。无论是国外还是国内，都有大量关于产业升级的研究。而从电子信息产业的角度来看，大部分文献侧重理论研究，很少有文献使用实证分析的方法。本章采用实证分析的方法，对北京市电子信息产业在全球价值链中的位置进行了确定。本章的创新点在于补充了电子信息产业升级方面的实证研究，这为以后的研究提供了参考。

3.1.5 研究意义

北京是中国的政治、文化、国际交往和科技创新中心，而电子信息产业是北京市的支柱产业之一。本章的研究有助于增进对北京市电子信息产业在全球价值链中位置的认识，并以此为依据制定与实际情况相符合的产业发展战略；有助于北京市产业集群的协调发展，有利于提高北京市的经济实力，也有利于北京市整体金融生态环境的进一步改善。

3.2 文献综述

产业升级已经有了成熟的理论体系。20 世纪 90 年代以前，国外文献的研究主要集中于产业升级与经济增长、要素流动之间的关系。20 世纪 90 年代末，产业升级的概念才被引入全球价值链（Global Value Chain，GVC）的分析框架中。这一时期的文献偏重于从国际分工的角度研究 GVC、集群经济等对产业升级的影响。

3.2.1 全球价值链层面下的产业升级

价值链的概念是 1985 年由波特首次提出来的。波特认为，每一个企业都是在设计、生产、销售、发送和辅助其产品的过程中进行种种活动的集合体，所有这些活动可以用一个价值链来表明。波特提出，理论上，产业升级是当资本（包括人力资本和物力资本）相对于劳动力和其他资源禀赋更加充裕时，国家在资本密集型和技术密集型产业中发展比较优势（张艳辉，2010）。此后，很多文献从不同角度对 GVC 层面下的产业升级进行了研究。Elisa 等（2005）着眼拉丁美洲产业集聚、GVC、产业升级和创新模式之间的联系，发现在 GVC 中部门专业化能够对行业集聚和一体化升级的模式和程度产生影响。刘志彪（2008）则认为中国的产业升级要在战略层面上充分重视从被"俘获"与"压榨"的 GVC 中突围的问题，加快构建以本土市场需求为基础的国家价值链（National Value Chain，NVC）的网络体系和治理结构，而构建占据基于本土市场的 NVC，构建其中的领导型企业，其实就是要努力培育和构建中国的跨国公司。张向阳等（2005）研究苏州和温州两地的产业升级后发现，虽然两地产业发展都不同程度地利用了国际直接投资和贸易的机会，但并未进入 GVC 的战略环节，争取进入 GVC 的部分战略环节，规避国际产业转移和市场不确定性的风险，应该是两地产业升级的重要战略取向。卜伟和易倩（2015）通过修改钱纳里的"标准结构"模型，利用 2004～2012 年对外直接投资流量前 10 名省份的面板数据分析了 OFDI 对我国产业升级的影响。杜龙政和刘友金（2007）基于技术和文化两个维度，将 GVC 治理模式分为市场式、模块式、关系式和集群创新式四种类型，对集群式创新的实现过程进行了深入阐述，指出企业集团通过集群式创新的实施可以有效地促进地方产业集群的升级。张向阳等（2005）系统地论述了 GVC 理论在产业升级研究领域的最新成果，包括 GVC 治理与产业升级的关系以及发展中国家产业升级的战略选择，认为发展中国家的产业升级可以通过企业的个体努力、集体努力和产业公共政策支持几个方面来进行。张少军和刘志彪（2009）指出，将 GVC 模式下产业转移内涵的竞争方式与自身的国情和优势相结合来发展 NVC，应该是中国实现产业升级和缩小地区差距的一条新思路。张国胜（2009）认为，尽管 GVC 的国际链接与异质参与者的多样性能够为本土企业提供局部的外部知识，但链条内部的知识溢出并不足以实现链条内部自动传递的产业升级，这就需要企业进行持续的技术学习，在充分利用 GVC 内局部知识外部性的基础上，整合企业内部知识与外部知识，实现技术能力的线性发展，从而推动本土产业的持续升级。王生辉和孙国辉（2009）研究 GVC 体系中的代工企业组织学习与产业升级后指出，代工企业在跨国公司指导下的组织学习，是一个借助四个知识转移平台，利用四种知识转化机制，充实和提升自身知识资产的过程。刘志彪和张少军（2009）从总部经济发展所需条件的分析中得出，利用自身在 GVC 中劳动密集型环节所形成的在位优势，将总部经济的交易成本优势与制造基地的要素成本优势相结合，可能是发挥我国大国经济效应的有效途径。刘仁国等（2015）认为中国企业应利用 GVC 上频密的国际中间产品贸易和国际直接投资促进产业创新，同时应整合 NVC，支持国内企业以"抱团"的方式融入特定的 GVC 中，以增强在其中的话语权。

部分文献立足 GVC 视角，研究了某个具体产业的升级方式。如王发明（2009）论述了光伏产业 GVC 的空间分布、空间特征及治理结构，重点分析了我国光伏产业升级的条件、路径和方式。他认为，我国光伏产业发展面临的问题相当严峻，国内企业从事的大多是中下游产业链中技术含量相对较低的产业，这严重影响了我国光伏产业核心竞争力的提升。蔡一帆和童昕（2014）以深圳大芬村为例，研究了 GVC 下的文化产业升级，认为大芬村也面临东亚地区面临的"后发制人"式制造业的升级障碍——一味专注于逆向工程的模仿，自身学习能力会受到束缚而无助于创新能力的提升。马涛（2015）比较中国、印度和墨西哥等几个典型国家的汽车产业升级后提出，中国的汽车产业应构建全方位的国内外价值链体系，依靠加大研发投入和职业技能培训，不断向国内增加值含量更高、技术更复杂的资本密集型和知识密集型环节攀升。申明浩和杨永聪（2012）以我国第二产业为例，运用各地 2000～2009 年的面板数据探讨并实证检验了 GVC 分工条件下的产业升级和金融支持之间的关系，研究结果表明，资本市场的发展对我国第二产业的升级具有显著的促进作用，而信贷市场的发展和我国第二产业的升级之间仅存在较为微弱的负相关关系。周煜和聂鸣（2007）利用 GVC 理论，对跨国合资与自主创新两种不同发展模式及中国汽车产业升级的利弊进行了分析，并从自主创新的角度对中国汽车产业的升级提出建议。梅述恩和聂鸣（2007）从 GVC 理论与集群理论的研究视角出发，提出了以技术能力和市场拓展能力为维度的企业集群的升级路径，并实证剖析了晋江鞋类企业集群的升级路径。段文娟等（2006）从 GVC 和产业升级的基本理论出发，在分析全球汽车产业价值链重构的基础上，提出了我国汽车产业升级的若干思路，指出我国汽车企业要在世界汽车产业体系中寻求合适的发展利基，必须适时沿着全球汽车产业价值链向利润更高或技术更复杂的资本密集型和技术密集型环节攀升。卜伟等（2016）对 2000～2014 年 14 家主要商业银行的面板数据进行逐步回归分析后发现，金融业增加值占比、法治指数、银行上市、银行资本充足率与银行产业升级呈正相关关系，银行非利息收入占比与银行产业升级呈负相关关系，并且银行上市会提高法治指数对银行产业升级的影响程度。

3.2.2 电子信息产业升级

张艳辉（2010）通过构建生产函数，探讨了劳动力、资本、科技投入等要素对电子及通信设备制造业总产值和新产品产值的贡献程度，并对长三角地区和其他省市进行了对比分析，结果表明，长三角地区电子及通信设备制造业属于劳动密集型生产方式。周晓艳和黄永明（2008）以我国台湾地区PC产业为例，剖析了GVC下产业升级的微观机理。曹文梁和胡选子（2012）对东莞市电子信息产业现状及其嵌入GVC位置进行分析，在此基础上针对东莞电子信息产业升级的压力进行研究，提出东莞市电子信息产业升级的压力来源于国际形势、区域竞争力不断增强、劳动力成本上升和资源环境压力。杨欢进和王莺（2008）对中国电子信息产业发展的现状和问题进行了研究，认为中国电子信息产业的发展主要受制于电子信息人才缺乏、电子信息企业生存发展环境不完善和电子信息行业普遍缺乏创新能力。卢明华等（2004）从产业链的角度出发，研究了我国电子信息产业的现状，指出我国电子信息产业发展面临的挑战主要是核心技术突破难、技术创新产业化难、需求变化快和全球竞争激烈。蓝庆新（2005）通过对GVC下地方产业集群升级理论进行梳理，以及对美国、中国大陆和中国台湾电子信息产业集群升级轨迹进行研究后得出，建立地方协力生产体系、促进投资落地生根、形成产业集群核心竞争能力是我国产业发展的一个根本途径。卢明华和李丽（2012）分析电子信息产业和大型电子信息企业主要价值链环节在北京的分布情况后发现，北京市电子信息产业郊区化趋势明显且呈集聚分布，大型电子信息企业主要价值链环节也呈集聚分布，生产环节的远郊化明显。王建平和汤文灿（2006）对嵌入 GVC 的电子信息产业链以及 GVC 下的电子信息产业升级等诸多方面进行了概括性探讨，分析了不同产业升级方式下的一些内在行为和外在表现。宋江飞和张劲松（2010）对广西北部湾经济区电子信息产业集群聚变效应进行实证分析后发现，北部湾经济区电子信息产业实际升级过程与"路径依赖—聚变效应—路径升级（新的路径依赖）—新聚变效应"的演化规律相吻合。卢明华和李国平（2004）分析全球电子信息产业价值链的现状后提出，要营造良好的产业发展环境，重视市场作用，强化合作，在产业发展上实施梯次战略，将软件、集成电路和新型元器件置于重要的战略位置，以促进我国电子信息产业发展。吴德进（2013）对福建省电子信息产业转型升级的路径进行研究后提出，要克服电子信息加工制造业面临的结构性矛盾突出、创新能力不强、配套能力弱、企业关联度低等问题，必须做到"四个转型"，即产业类型的转型、产业布局的转型、产业链分布的转型和产业发展环境的转型。杜文宏和黄忠东（2015）对广西电子信息产业转型升级进行研究后发现，广西电子信息产业虽然已经具有一定规模，但是存在基础薄弱、人才匮乏、自主创新能力弱等问题，因此要加强产业基本环境建设，创新发展方式，通过"补链""强链""建链"，增强产业链核心竞争能力，实现产业跨越式发展。蔡勇志（2013）研究我国电子信息产业集群转型升级后提出，要解决我国电子信息产业集群面临的诸如被锁定在价值链低端发展、缺乏自主创新产品、过于依赖境外的技术和设备、跨国公司的研发溢出效应有限等问题，企业必须主动融入 GVC 并向跨国公司学习，逐步实现从 OEM 到 ODM、OBM，从加工组装到研发设计、营销服务环节的攀升。汪淼和周其明（2011）分析深圳市电子信息产业发展的现状后指出，产业现阶段面临产业链发展不协调、产业对外依存度高、高级人才匮乏等问题，提出应整合产业链、发展高新技术园区、加强人才培养等建议。

上述研究为本章的研究提供了坚实的理论基础，但这些研究都侧重于理论分析，只有少部分研究进行了实证分析。本章结合当前世界和中国经济的新形势，以北京市电子信息产业为例，探究GVC下北京市电子信息产业处于价值链中的什么位置，并据此指导实践，提出与实际相符的政策建议，以应对世界经济的波动和冲击。

3.3 GVC下电子信息产业升级的理论路径

3.3.1 产业升级的典型路经

从微笑曲线来看，产业升级路径通常表现为产业从微笑曲线底端的某个位置向两端（或左或右）移动到产品附加值相对较高的其他位置，具体表现为产业从劳动密集型过渡到资本密集型或者技术密集型，产品附加值从低过渡到高。在嵌入GVC的基础上，产业升级的理论路径如下。

（1）流程升级

通过生产系统的重组或采用先进的技术来提高价值链内部某生产环节的效率以提高竞争力。

（2）产品升级

通过引进新的产品或对已有产品进行改进，提高单位产品的附加值，以超越竞争对手。

（3）功能升级

通过对价值链各个增值环节的重新组合，增加新的功能或放弃低附加值的功能，以提高整体竞争优势。

（4）链条升级

利用从所在价值链中获得的能力或资源实现向另外一条更高附加值的产业链条转移的升级方式。

对于处于生产制造环节的产业来说，通常是由流程升级到产品升级再到功能升级，如由 OEM（贴牌生产）到 ODM（自主设计和加工）再到 OBM（自主品牌生产）。进行贴牌生产的产业通常是利用低成本优势迅速融入 GVC 的生产网络，实现流程升级；然后进行投资和研发设计，实现产品升级和功能升级。在技术水平达到一定程度后，进行转型，实现链条升级（张艳辉，2010）。

GVC 下产业升级的一般路径见表 3 - 1。

表 3 - 1　GVC 下产业升级的一般路径

项目	工艺流程	产品	功能	链条
发展轨迹	委托组装（OEA）委托加工（OEM）	自主设计和加工（ODM）	自主品牌生产（OBM）	链条升级
非实体性程度	随着产业升级和附加价值的不断提升,经济活动非实体性或产业软性化程度不断提高			

3.3.2　电子信息产业的 GVC 分布

电子信息产业的微笑曲线和价值链分布见图 3 - 1。位于价值链低端的是电子产品（如便携式电脑、手机和电视等）的整体组装过程，这一过程通常需要大量的劳动力。从价值链低端向左延伸是产品研发和设计环节，这一过程通常需要大量的研发投入和高技术人才的参与，同时有着较高的生产附加值。从价值链低端向右延伸是产品的营销和售后环节，这一过程销售的不再局限于产品，也包括服务，需要通过打造品牌效应，获取更大的市场，同时提高产品的竞争力，这一过程也有着较高的附加值。

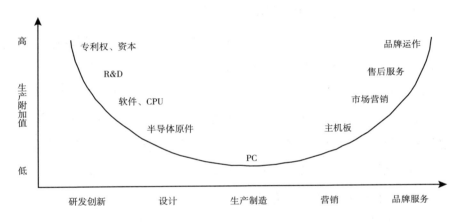

图 3-3　电子信息产业的微笑曲线

当前，美国、德国和日本等发达国家处于 GVC 的高端，掌握着大量的核心技术，控制着新产品的生产，同时也拥有标准的制定能力。韩国和新加坡等国家位于价值链的中端，拥有部分先进技术，能生产部分高端产品，在国际市场上有较高的竞争力。大部分发展中国家位于价值链的低端，主要从事一些简单的生产和组装工作，但是拥有廉价的劳动力这个比较优势。

改革开放以来，中国经济飞速发展。现今中国虽然拥有巨大的经济总量，但是作为发展中国家的地位并没有改变。同广大发展中国家一样，中国目前依然具有廉价的劳动力这个优势，而中国的电子信息产业也整体依托劳动力优势，主要从事低附加值的国际代工组装的生产环节。

3.4 北京市电子信息产业在 GVC 中的定位

本部分采用实证分析的方法对北京市电子信息产业在 GVC 和微笑曲线上的位置进行界定。

3.4.1 位置界定的理论分析

对于电子信息产业来说，劳动力、资本和技术都是生产活动中需要大量投入的要素。对于绝大多数产业来说也是如此。一般来说，根据各种生产要素的投入情况，可以将产业划分为不同的要素密集型产业。比较传统的划分有劳动密集型产业、土地密集型产业、资本密集型产业和技术密集性产业等。

这种划分并不是一成不变的。对于某个具体的产业来说，现在依据该产业在生产活动中的要素投入情况将其划分为相对应的某种密集型产业。例如，因为该产业在生产活动中需要投入大量的劳动力，因此将它划归劳动密集型产业，但是在若干年后，可能需要重新对这个产业进行划分。因为在这若干年里，随着生产力的发展，同样还是这个产业，它的生产活动中各种要素的投入已经改变，如随着科技的进步，原来生产活动中使用的大量劳动力已经被机器所替代，那么此时这个产业就不再属于劳动密集型产业，而划归资本密集型产业更适合。因为机器属于生产设备，要生产就必须购买机器，购买机器就是进行资本投入。

事实上，随着时间的推移和技术的进步，该产业的归属由劳动密集型转变为资本密集型，其生产的性质已经发生改变。这个过程也是产业升级的过程，产业升级主要表现为产业结构的改善和生产效率的提高。机器生产能比人力生产更高效地进行生产活动，从而为产业提供更高的生产附加值。因此，产业中的各个企业愿意使用机器取代劳动力，愿意为购买生产机器设备进行投资。第一次工业革命以大量的机器设备取代了大量的人力；第二次工业革命中出现的各种科技使得机器的生产效率再一次提高。对于工业来说，两次工业革命在当时都是史无前例的产业升级过程。因此，这种生产结构或性质的变化也是对产业升级的一种衡量依据。

微笑曲线上的每一个位置都对应着产业中具体的某一个环节，而这个环节则对应着某一个具体的要素密集度。例如，微笑曲线底部的位置对应着产业中的生产与组装环节，而生产与组装通常不需要投入太多的资本和技术，需要投入更多的是劳动力。从事这一环节生产的行业通常属于劳动密集型行业。而微笑曲线左端的位置则对应着产业链上游的研发环节和核心元器件的生产环节，这两个环节不同于生产与组装，研发环节需要投入大量的研发资金，需要大量拥有高技能的专业人员，如工程师，这是普通劳动力所不能替代的。核心元器件的生产环节除了需要大量拥有高技能的专业人员外，还需要投入大量的生产设备，这些生产设备通常有着较高的生产性能，相应地也有着高昂的价格。进行这一环节生产的行业通常属于资本密集型或者技术密集型行业。微笑曲线右端的位置对应着营销和售后等环节，营销和售后不再属于生产环节，这一环节的核心是服务，目的是打造品牌效应。迪士尼公司就是这个环节上的佼佼者之一。在微笑曲线上，这一环节与研发环节一样，都占据高增加值的位置。从事这个环节的行业通常需要投入大量的高素质专业人员，如职业经理、咨询顾问等，因此它属于知识密集型行业。

既然微笑曲线上的每一个位置都对应着一种要素密集度，那么依据某个产业的要素密集度来衡量该产业在微笑曲线上的位置也是可行的。微笑曲线上的位置确定了，产业在 GVC 中的位置也就一目了然。本章就是依据这个思路对北京市电子信息产业在微笑曲线和 GVC 中的位置进行界定。

3.4.2 实证过程与检验

本章构建的生产函数为：

$$\log OUT_i = \alpha_0 + \alpha_1 \log LAB_i + \alpha_2 \log CAP_i + \alpha_3 \log TEC_i + \varepsilon_i$$

$$(3-1)$$

其中，OUT 表示北京市电子信息产业总产值；LAB 代表劳动力投入；CAP 表示资本投入；TEC 为技术投入；i 表示时间；α_0 是截距项，α_1、α_2 和 α_3 分别表示 LAB、CAP 和 TEC 的系数，也代表贡献程度。

本章中，北京市电子信息产业总产值使用的衡量指标是主营业务收入，劳动力投入使用的衡量指标是从业人员平均人数，资本投入使用的衡量指标是投资额，技术投入则使用科技研发经费内部支出来衡量。本章相关指标的统计数据见图 3 - 4，使用的数据来源于《中国高技术统计年鉴》（1999 ~ 2014 年）。

由图 3 - 4 可知，北京市电子信息产业主营业务收入从 2003 年开始稳步上升，2007 年突然下跌，这可能是受到了金融危机的影响。从 2011 年开始，再次开始稳步上升。投资额在 2003 年和 2009 年两度激增，这可能与当时的政策激励有关。尤其是 2010 年，既是"十一五"规划收官之年，也是我国电子信息产业回升调整的

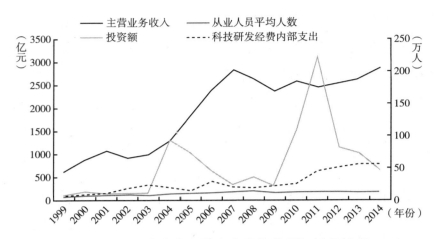

图 3 - 4　北京市电子信息产业相关指标运行情况

重要一年，扩内需政策成效显现且外需市场逐步回暖，行业出现恢复性增长，因此行业投资增长也在情理之中。

回归分析结果见表 3 - 2。

表 3 - 2　回归分析结果

变量	系数	标准误	t 统计量	P 值
C	2. 415545	0. 367527	6. 572433	0. 0000
$\log LAB$	1. 979927	0. 211605	9. 356727	0. 0000
$\log CAP$	- 0. 012476	0. 045215	- 0. 275925	0. 7873
$\log TEC$	0. 080020	0. 067957	1. 177499	0. 2618
R^2	0. 959521	DW 值		1. 856305
F 统计量	94. 81783			
P 值	0. 000000			

（1）显著性检验

由表 3 - 2 可以看出，从业人员平均人数对产业主营业务收入的影响是非常显著，P 值为 0. 000，表明其在 5% 的显著水平下显著，而投资额（资本投入）和科技研发经费内部支出（技术投入）对应的 P 值分别为 0.787 和 0.262，说明投资额和科技研发经费内部支出对主营业务收入的影响并不显著。从回归方程整体的显著性来看，R^2 的值为 0.960，说明方程整体拟合优度很高。

（2）自相关检验

回归方程误差项序列与其一阶滞后序列关系见图 3 – 5。

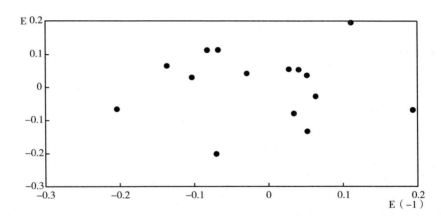

图 3 – 5　误差项序列对其一阶滞后变量的散点图

由图 3 – 5 可判断，误差项不存在一阶自相关。下面通过 DW 检验进行验证。

在显著水平为 5%、解释变量（自变量）的数量 $k = 3$、样本容量 $T = 16$ 的情况下，查表可得 DW 检验的临界值 $d_L = 0.86$、$d_U = 1.73$。由表 3 – 2 可知，DW 值为 1.856，因为 $DW \in [d_U, (4 - d_U)]$，所以误差项不存在一阶自相关。

对误差项进行 LM 检验的结果见表 3 – 3。

表 3 – 3　误差项 LM 检验结果

F 统计量	2. 068353	P 值	0. 1771
LM 值	4. 681946	P 值	0. 0962

因为 $LM = 4.682 < \chi_{0.05}(2) = 5.991$，所以误差序列不存在二阶自相关。

（3）多重共线性检验

分别计算从业人员平均人数、投资额和科技研发经费内部支出之间的相关系数，结果见表 3 – 4。

表 3 – 4　自变量的相关系数

变量	*LAB*	*CAP*	*TEC*
LAB	1. 000000		
CAP	0. 465861	1. 000000	
TEC	0. 686540	0. 519082	1. 000000

由表 3 – 4 可知，各个自变量之间存在一定程度的相关性，从业人员平均人数和科技研发经费内部支出之间的相关系数为 0.687，据此判断模型存在一定程度的多重共线性。所以，本章使用逐步回归的方法对回归模型进行修正。

使用主营业务收入分别对从业人员平均人数、投资额和科技研发经费内部支出进行回归，结果显示对从业人员平均人数的拟合效果最好，因此将从业人员平均人数作为基础解释变量进行逐步回归。逐步回归后的结果见表 3 – 5。

表 3 - 5　逐步回归结果

变量	系数	标准误	t 统计量	P 值
C	2.447100	0.336641	7.269159	0.0000
$\log LAB$	1.956250	0.186426	10.49345	0.0000
$\log TEC$	0.074054	0.062095	1.192595	0.2543
R^2	0.959265	DW 值		1.868860
F 统计量	153.0666			
P 值	0.000000			

在逐步回归的过程中，变量投资额被剔除。从表 3 - 5 反映的结果来看，从业人员平均人数依旧显著，科技研发经费内部支出依然不显著。R^2 为 0.959，表明模型拟合优度高。从模型整体的显著性来看，F 统计量为 153.067，方程整体显著。DW 值为 1.869，表明逐步回归后的模型仍然不存在一阶自相关。

3.4.3　实证结果分析

由表 3 - 4 可以得出回归方程：

$$\log OUT = 2.447 + 1.956\log LAB + 0.074 TEC \qquad (3 - 2)$$

由回归结果可知，在电子信息产业从业人员平均人数和科技研发经费内部支出三个影响因子中，对主营业务收入起主要作用的是从业人员平均人数，其影响因子为 1.956；科技研发经费内部支出的影响因子为 0.074，其对主营业务收入的影响非常小。这一结果表明，对北京市电子信息产业来说，对总产值贡献度最大的因子是劳动力投入，而不是技术投入，更不是资本投入。这也说明，当前北京市的电子信息产业依然属于劳动密集型产业，不属于技术密集型产业，也不属于资本密集型产业。

虽然北京是中国的政治、文化中心，也是国际交往中心和科技创新中心，电子信息产业是北京市的一大支柱产业，但北京市电子信息产业目前仍然处于微笑曲线的底端，在 GVC 中进行着低增加值的生产和组装工作。这主要是因为当前廉价的劳动力依然是北京市电子信息产业嵌入 GVC 的优势。而北京作为科技创新中心所具有的资本和科技研发优势并没有得到有效发挥。这可能是因为科技研发与生产实践之间依旧有较大的差距，科技研发的成果不能得到有效转化，科研人员的价值不能在生产中得到充分体现。同时，图 3 - 4 也反映出作为传统意义上拉动总产值的"三驾马车"之一的投资额受政策的影响较大，震荡幅度明显，这又使得科技研发工作得不到稳定充足的资金支持。另外，在检验的过程中，投资额被剔除出模型，也说明其并没有对电子信息产业的总产值做出实质性的贡献。

3.5 结论与政策建议

北京市电子信息产业在 GVC 中的位置决定了电子信息产业升级依然有很大的空间。在 GVC 下，首先要实现的是产品升级和流程升级，其次要进行功能升级，最后要在链条升级上寻求突破，走向更高附加值的产业链。

当前北京市电子信息产业的主要问题是对劳动力的依赖程度较高，没有将资本优势和科技研发优势充分应用到电子信息产业的发展中。强大的政策导向又使得投资容易出现盲目跟风，使得科技研发得不到稳定的资金支持。而从 GVC 层面来看，处于高附加值位置的国外企业依旧会牢牢控制核心技术，为低附加值环节的企业向高附加值攀升设置壁垒，以巩固控制权。因此，北京市电子信息产业所面临的问题不仅仅是内部的，还有外部的，而对于中国的电子信息产业来说，同样如此。

现对北京市电子信息产业升级提出以下政策建议。

（1）廉价的劳动力优势是由当前中国的基本国情决定的，并且在今后数年内不会发生太大的变化，因此要充分利用这个优势，这个优势也是很多发达国家所不具备的。

（2）要继续在产品创新和生产流程创新上寻求突破，不断开发新的产品，研究新的生产工艺，充分利用资本和科技研发的优势，实现产品升级和流程升级。中国有着广阔的市场和多元的需求，这对于产业中的产品创新来说也是一大优势。

（3）要以更加积极的心态融入 GVC 中，加强与国内外产业龙头企业的经营互动，学习先进的管理方式。国外先进企业不仅是国内企业竞争的对手，而且是国内企业效仿的对象。

（4）将经营范围从生产中解放出来，扩展到服务中来，参与到更高增加值的链条中，根据自身条件，努力寻找突破口，打造品牌效应，实现链条升级。

4
北京市顺义空港城现代
服务业发展对策研究

4.1 引言

在国际产业转移的浪潮中，各国经济活动中一个共同的趋势是服务业所占的比重越来越大，并上升为国民经济的主导产业，尤其是现代服务业，逐渐成为国际市场竞争的新焦点。世界各国经济发展历程表明，在一个国家的整体经济由中低收入水平向中高收入水平转化的时期，服务业会加速发展。国家统计局公布的《2015 年国民经济和社会发展统计公报》显示，2015 年国内生产总值为676708 亿元，比上年增长 6.9%，我国服务业继续保持较快增长，服务业增加值同比增长 8.3%，分别高于国内生产总值增速和第二产业增加值增速 1.4 个和 2.3 个百分点。因此，在我国处于经济转型的重要时期，有必要加快发展现代服务业，以促进国民经济增长。

4.1.1 研究背景与研究问题

北京作为首都，有着其特有的功能定位——政治、文化、科技创新和国际交往中心。这种功能定位为北京现代服务业发展提供了良好的环境和强大的动力。并且，在建设世界城市目标的推动下，构建服务业主导的经济结构必将成为北京未来的发展方向。在北京，顺义作为首都国际机场所在地、北京重点新城、首都临空经济区和现代制造业基地，其重要功能作用也越发凸显。2014年首都国际机场旅客吞吐量达到8612.8万人次，同比增长2.9%，连续五年稳居世界第二；保障飞机起降58.2万架次，同比增长2.5%；停车总量突破1000万辆次，刷新历年纪录，平均每日车流量超过2.8万辆，高峰日车流量更是达到3.5万余辆。首都机场不断刷新中国民航乃至世界民航发展的新纪录，机场能级得到全面提升。作为北京外向型经济的窗口，顺义空港城以其独特的资源禀赋，承担着发展空港物流、会议展览、国际交往、体育休闲等重要职能，是首都承接国际产业转移的一线前沿阵地，在北京发展现代服务业布局中占有重要位置。

《顺义区国民经济和社会发展第十二个五年规划纲要》提出要发展高端产业，打造临空经济区，努力将顺义建成国际枢纽空港。依托北京首都国际机场的综合优势，不断壮大临空经济，建设以高端现代制造业和现代服务业为支撑的国际流通网络的重要节点，成为国内外交往的枢纽区域，以及国际人流、物流、信息流、技术流、资金流等进入首都的枢纽和集结地。顺义要实现"打造临空经济区，建设世界空港城"的战略目标，必须率先实现服务业发展的高端化、国际化、规范化和多元化。

目前，顺义空港城现代服务业已经步入发展的快车道，成为区域经济发展的重要引擎。2014年顺义区三次产业结构为1.9∶43.3∶54.8，顺义空港城逐步构建以服务业为主导的经济发展模式。但从对财政收入的贡献率来分析，顺义空港城现代服务业产业内部差异明显。近年来，交通运输、仓储和邮政业，房地产业，金融保险业对属地财政收入的贡献率最大，而餐饮业等其他服务业门类对属地财政收入的贡献率偏小，生活性服务业与公共服务业滞后等问题仍然存在。

4.1.2　文献综述

目前，关于现代服务业和空港城的研究主要集中在以下几个方面。

（1）现代服务业的分类

1997年9月，党的十五大报告第一次提出"现代服务业"的概念，党的十五届五中全会明确提出"要发展现代服务业，改组和改造传统服务业"。2012年2月22日，科技部发布第70号文件，给出了"现代服务业"的定义："现代服务业是指以现代科学技术特别是信息网络技术为主要支撑，建立在新的商业模式、服务方式和管理方法基础上的服务产业。它既包括随着技术发展而产生的新兴服务业态，也包括运用现代技术对传统服务业的改造和提升。"它有别于商贸、住宿、餐饮、仓储、交通运输等传统服务业，以金融保险业、信息传输和计算机软件业、租赁和商务服务业、科研技术服务和地质勘查业、文化体育和娱乐业、房地产业及居民社区服务业等为代表。2005年8月，北京市统计局对现代服务业进行了划分：现代服务业包括信息传输、计算机服务和软件业，金融业，房地产业，租赁和商务服务业，科学研究、技术服务和地质勘查业，水利、环境和公共设施管理业，教育、卫生、社会保障和社会福利业，文化、体育和娱乐业等9个门类22个大类。

按照经济合作与发展组织（OECD）对服务业的分类和我国关于现代服务业的定义，大体可以将现代服务业分为金融保险业、信息服务业、教育服务业、专业技术业和健康保健服务业。

对于现代服务业的产业部门分类，一些学者按照不同的标准做出了划分。李江帆和曾国军（2003）按照国家统计局对中国第三产业四个层次的划分，对现代服务业的发展演变做出了分析，认为现代服务业包含四个层次：第一个层次是流通部门；第二个层次是为生产和生活服务的部门；第三个层次是为提高居民素质和科学文化水平服务的部门；第四个层次是为社会公共需要服务的部门。朱晴睿（2005）认为现代服务业还应包括随着居民生活水平的提高，为适应其需求变化而产生的产业部门，以及具有高附加值的，充分利用信息技术、管理技术或现代理念进行改造升级的服务业部门。尚永胜（2005）认为现代服务业是指提供生产性服务的部门，具体包括金融保险业、房地产业、现代物流业、信息服务业、管理咨询业、中介代理业、科研和综合技术服务业等。除此之外，还包括用来满足个人精神需要和高层次需求的消费性服务业部门，这些部门主要以现代信息技术为支撑，包括网络服务、现代远程教育等。

综上所述，现代服务业既包括现代化建设过程中出现的各种新型服务业，也包括经过现代化的新技术、新业态和新服务方式进行改造和提升后的传统服务业。具体范畴为：流通性服务业，如航空运输服务保障业、物流、仓储等；生产性服务业，如电子信息、生物医药、金融业、保险业、会展业、中介咨询业等；高端、规范、多元的生活性服务业，如零售业、高端休闲娱乐业、家庭服务业、住宿和餐饮业等；完善的公共服务业，如科教、医疗、文体、就业等民生工程。

（2）影响现代服务业发展发展的主要因素

影响现代服务业发展的因素包括外部环境因素和产业系统内部因素。

外部环境因素。首先是经济发展状况会对现代服务业的演化发展起到拉动作用，具体表现在以下三个方面。一是经济发展速度决定了对现代服务业的拉动力量。现代服务业的演化与经济增长之间存在一定的因果关系，即国民经济发展的整体实力会对现代服务业的演化产生一定的影响。二是经济发展会引发对现代服务业持续有力的需求。随着经济的发展，人们的收入水平提高，同时物价上涨的幅度小于收入水平提高的幅度，那么人们的可支配性消费支出增加，对高层次服务产品的需求也会增加，从而刺激了现代服务业的发展。尤其是对金融产品，人们的认知程度提高，投资意识增强，更多的人对新的理财产品的需求增加，从而推动了金融服务等现代服务业的发展。三是其他产业发展的促进作用。现代服务业是以生产性服务业为核心的产业系统，其与制造业之间的共生关系决定了在其产业系统的演化过程中会受到制造业的较大影响。其次是政策环境会影响现代服务业的演化发展。国家政策是风向标，具有明确的导向作用。这种导向作用主要通过货币政策、财政政策来发挥，体现在对产业的投资和消费的引导上。具有扶持和鼓励意义的政策可以拉动投资，刺激消费需求，促进现代服务业的发展；具有约束和规范意义的政策则会抑制投资，延缓或者降低消费需求，从而限制现代服务业的发展。

产业系统内部因素。现代服务业的发展和企业发展类似，都受制于自身的产出成本和收入。只有现代服务业在发展过程中有利可图，该产业系统才能在市场上生存和发展下去。因此，从内部来看，现代服务业的发展与其自身的相关要素密不可分。现代服务业是由多个产业部门所组成的集合，而且这些产业部门之间具有很强的异质性，所以，要从各产业部门具有同质性的要素来考量。首先，现代服务业生产的是无形产品，生产者和载体都是劳动力，劳动力可以说是现代服务业最主要的投入要素。具体劳动力数量常用从业人数来表示，而劳动力的工资水平也可以作为影响现代服务业发展的成本因素。其次，现代服务业的投入要素还包括资本，体现为固定资产的投资。各个分支产业部门对劳动力和投资两个要素的依赖程度不尽相同，如现代物流业，除了劳动力外，运输网络的构建需要大量的固定资产投资，相对而言，投资所占的比重要高于劳动力所占的比重；而对于管理咨询、会计服务等商务服务业产业而言，投资额只占其中一个很小的比例，劳动力才是主导要素。

除了以上的因素外，现代服务业各分支产业部门还受到自身其他方面因素的影响，由于各个产业部门的特点不同，所涉及的影响因素也不相同，本章不再赘述。

（3）空港城的产业结构分布

近年来，国际枢纽机场对某一地区或城市经济发展的影响越来越大，这种依托机场发展起来的区域，称为空港城，有的也称为"临空城"。由于空港城是一种新的城市发展模式，国内外尚无统一定义。美国著名临空经济专家约翰·卡萨达（John D. Kasarda）创新性地用航空大都市（Aerotropolis）来定义这个地区，随着越来越多的商业企业集聚在机场以及交通走廊周围，一种新型的城市——航空大都市出现了，从机场网关（Gateway）向外延伸15英里。在空间布局上，关娜和吴永祥（2010）认为，空港城可以分为枢纽指向性极强的空港区、枢纽指向性较强的紧邻空港区、枢纽指向性一般的空港相邻区或空港交通走廊沿线地区、枢纽指向性逐步增强的外围辐射区四个区域，每个区域有其特有的产业分布及特征（见表4-1）。

表4-1　临空产业的分布及特征

空港区:高度集中的产业(枢纽指向性极强)
航空运输服务
货运物流
航材提供
商业贸易
高科技制造
航空公司或政府机构的办事处
紧邻空港区:较集中的产业(枢纽指向性较强)
货运物流
高科技制造
商业贸易
休闲娱乐
研发机构
地区总部
空港相邻区或空港交通走廊沿线地区:一般集中的产业(枢纽指向性一般)
研发机构
高科技制造业
航空公司总部
基础生活设施
金融机构
会展业
跨国公司总部
物流配送
旅游博览
邮件快递业

续表

外围辐射区:逐步集中的产业(枢纽指向性逐步增强)
制造业
仓储业
批发零售业
会展业
休闲娱乐
临空农业和花卉业

资料来源:李晓江、王缉宪:《航空港地区经济发展特征》,《国外城市规划》2001 年第 2 期。

从上述研究可以发现,学者对现代服务业和临空经济的研究较多,但对空港城现代服务业产业结构和发展对策的研究较少。因此,本章借鉴前人研究的成果,立足北京市、环渤海经济圈、全球服务业发展的大环境,研究顺义空港城现代服务业的发展趋势,提出可行的对策建议。

4.1.3 研究方法、理论与工具

(1) 研究方法

描述法。描述法也称为历史方法。本章运用的描述法主要体现在以下三个方面:第一,对顺义空港城现代服务业内涵和外延的描述;第二,对目前现代服务业各种理论的描述;第三,对顺义空港城现代服务业发展现状的描述。

定量分析法与定性分析法。定量分析是指搜集用数量表示的资料或信息,并对数据进行量化处理、检验和分析,从而获得有意义的结论。定性分析就是对研究对象进行"质"的方面的分析。具体地说是运用归纳与演绎、分析与综合以及抽象与概括等方法,对

获得的各种材料进行思维加工，从而去粗取精、去伪存真、由此及彼、由表及里，达到认识事物本质、揭示事物内在规律的目的。定性分析侧重于用语言文字描述、阐述、探索事件的现象和问题。本章在研究空港城现代服务业发展策略时，利用历年来空港城现代服务业发展的数据（数据来源于顺义区统计局），对数据进行定量分析。在定量分析的基础上，通过定性分析提出相应的对策建议。

案例研究法。案例研究法是一种运用历史数据、档案材料、访谈、观察等方法收集数据，并运用可靠技术对一个事件进行分析，从而得出带有普遍性意义结论的研究方法。如同其他研究方法一样，案例研究法是遵循一定的程序、步骤，对某一经验性实证性课题进行研究的方法。本章从现代服务业的角度采用案例分析的方法来研究临空经济对空港城第三产业发展的引领和带动作用。例如，本章选取德国帕希姆机场的保税物流服务、天津空港国际汽车园、上海 GE 中国全球研发中心、美国摩尔购物中心、仁川机场永宗医学中心等案例进行研究，分别对现代服务业中的生产性服务业、生活性服务业、新兴服务业以及公共服务业提出发展的意见和建议。

（2）相关理论

产业融合理论。产业融合是伴随技术变革与扩散过程而出现的一种新经济现象。国外产业融合思想最早起源于美国学者罗森伯格。20 世纪 70 年代末，该现象受到广泛关注。张功让和陈敏姝（2011）综合国内外文献，概括出产业融合的概念，认为产业融合是在技术融合的基础上，以企业融合为主体、产品融合为客体、制度融合为保障，最终实现融合型产品的市场化过程。服务业融合属于产业融合的一种，现在的产业融合或多或少地与服务业有关。李美云（2006）认为可以根据服务业融合的范围将服务业融合区分为"服务业的产业外融合"和"服务业的产业内融合"两种类型。而服务业融合的驱动因素,首先是消费方式的变化导致服务和产品的融合;其次是生产方式的变化促使服务业和制造业的业务、组织和管理的融合;最后是交易方式的变化导致消费者和生产者的融合。从服务业融合理论可以看出,对于服务业来说,随着社会分工的细化、深化以及社会服务需求的不断积累和增加,各种服务业从第一、第二产业中游离出来,向独立化、自动化、标准化方向发展,导致不断产生新的服务行业,并逐渐产生了与其他产业融合发展的趋势。三次产业之间的功能互补和延伸实现了产业间的融合发展。服务业整体由于技术进步的作用,产生了新的业态和变化,出现了附加值明显高于传统服务业的新兴知识密集型服务业。这些新兴产业可以称为现代服务业,它的产生进一步提高了服务业在国民经济中的地位。根据该理论,顺义空港城传统的服务业逐渐与航空研发制造、汽车制造等现代制造业相融合,出现了航空服务、特色金融、现代物流、商务服务、旅游休闲等高端服务业,广告会展、设计服务、时尚体育休闲、高端出版印刷、创意农业等文化创意产业,以及其他生活性服务业、新型服务业、发展服务外包等业态,形成了高度融合的现代服务业,具体产业类别见图4-1。

外包理论。普拉哈拉德(C. K. Prahalad)和哈默(G. Hamel)认为,企业的资源可以分为三个层次:核心资源、外包资源、市场资源。企业的核心竞争力是一种稀缺的、难以模仿的、有价值的、可延展的能力。美国著名的管理学家彼德·德鲁克曾指出,在10~15年之内,任何企业中仅做后台支持而不创造营业额的工作都应外包出去,任何企业中仅做后台支持而不提供高级发展机会的活动、业务也应采取外包的形式。

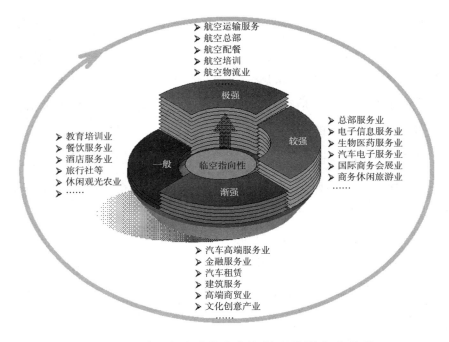

图 4 - 1　顺义空港城临空指向性现代服务业种类

价值链理论。价值链理论是哈佛大学商学院教授麦克尔·波特于 1985 年提出的。波特认为每一个企业都是在设计、生产、销售、发送和辅助其产品的过程中进行种种活动的集合体。波特的价值链理论揭示了企业之间的竞争不仅仅是某个环节的竞争，它是整个价值链的竞争，而整个价值链的综合竞争力决定了企业的竞争力。任何一家企业都只能在价值链的某一环节上具有优势，而在价值增值的环节上，其他企业可能拥有竞争优势。通过外包，企业把价值链上不具有优势的业务转让出去，让在这些价值链上处于优势的企业来完成这些工作，实现优势互补，最终实现双赢。

（3）PEST - SWOT 分析工具

PEST 和 SWOT 分析法是战略管理中两个重要的分析工具。前者适用于分析外部的宏观环境，后者则侧重于分析内部的微观环境。

PEST 分析法。PEST 分析法，是指对影响因素中的政治（Political）、经济（Economic）、社会（Social）和技术（Technological）四个关键因素进行分析。一般而言，任何一个组织的宏观环境是指该组织所共同面对的政治、经济、社会、教育、文化、科技、法律等人文环境。

SWOT 分析法。SWOT 分析法是美国哈佛大学教授安德鲁斯于 20 世纪 70 年代提出的战略分析框架，也称为道斯矩阵，它是企业战略管理理论中的一个重要分析工具。SWOT 分析是对企业内部和外部所包含的内容进行概括和综合，进而对企业优势（Strengths）、劣势（Weaknesses）、机会（Opportunities）和威胁（Threats）进行系统分析的方法。该分析方法的应用十分广泛，如区域物流、技术创新、区域经济等。

PEST - SWOT 矩阵。PEST - SWOT 矩阵是将上述两种分析方法相结合，对一个组织面对的内部微观环境和外部宏观环境整合起来进行分析和研究的方法。PEST - SWOT 矩阵可以说是 SWOT 分析方法的升级，这种整合创新方法，以其高度的统筹性和合理的聚类性等特点，在众多行业和领域中得以广泛运用，见表4 - 2。

表4 - 2   PEST - SWOT 矩阵分析模型

SWOT　　　　　　PEST		政治（P）	经济（E）	社会（S）	技术（T）
内部因素	优势（S）	SP	SE	SS	ST
	劣势（W）	WP	WE	WS	WT
外部因素	机会（O）	OP	OE	OS	OT
	威胁（T）	TP	TE	TS	TT

　　顺义空港城现代服务业发展所面临的环境瞬息万变，其微观和宏观的界限已经逐渐被打破，所以本章采用 PEST - SWOT 分析矩阵来对顺义空港城现代服务业发展环境进行综合分析。

4.2　顺义空港城现代服务业
PEST - SWOT 分析

4.2.1　PEST 分析

（1）政治环境

　　在《北京城市总体规划（2004～2020 年）》确定的"两轴、两带、多中心"城市空间布局中，顺义区是首都东部发展带的重要节点，是北京重点发展的三座新城之一。2012 年国务院出台的《关于促进民航业发展的若干意见》，对加快我国民航事业发展做出了总体部署。2011 年 4 月民航局出台的《中国民用航空发展第十二个五年规划》提出要全面建设民航强国的战略任务。北京具有突出的航空资源优势，而顺义是机场所在地，无疑具有得天独厚的区位优势。2011 年 12 月 1 日，顺义区政府出台《顺义区进一步优化临空经济区发展政策环境若干意见的通知》，提出要进一步加强政策资源整合，对符合条件的企业，在项目落地、企业住房、高管人员激励、企业人才引进、自主创新等方面给予优惠政策和重点支持；进一步优化企业融资环境，加快建立多层次、多元化企业融资服务体系，形成促进企业良性发展的长效机制。2012 年 5 月 28 日，顺义区出台《临空经济区发展的"1 + X"政策体系》，针对不同产业，制定了不同的激励扶持政策。

（2）经济环境

近年来，顺义区经济整体运行平稳，2008～2014年顺义区的主要经济指标见表4-3。

表4-3 2008～2014年顺义区的主要经济指标

单位：亿元

指标	2008年	2009年	2010年	2011年	2012年	2013年	2014年
GDP	542.4	690.2	867.9	1015.0	1103.2	1240.2	1339.7
第一产业增加值	20.1	21.4	22.2	24.4	25.2	25.1	25.5
第二产业增加值	231.3	297.6	373.5	441.1	488.0	551.1	579.6
第三产业增加值	290.9	371.3	472.2	549.5	590.0	664.0	734.6
工业总产值	1215.7	1526.2	1851.6	2066.1	2297.9	2860.6	2983.6
固定资产投资	255.0	343.9	413.7	436.0	418.6	429.7	432.3

资料来源：《顺义区统计年鉴》（2009～2015年）。

由表4-3可以看出，顺义区近年来发展迅速，虽然2008年受金融危机影响，2009年的增速有所下降，但是总的趋势还是上涨的，从固定资产投资这一数据可以明显看出社会的资金动向，说明企业和民众手里的钱越来越多，生活质量越来越高。经典的工业化理论认为，工业化是一国（或地区）随着工业的发展，人均收入不断提高、经济结构不断升级、资源配置方式不断优化、工业文明不断渗透的过程。按照钱纳里工业化阶段模式，通过选取人均GDP、三次产业产值结构、第一产业就业人员占比等指标进行分析后发现，顺义区的经济发展处于后工业化阶段（见表4-4）。

根据顺义区的统计数据，2014年顺义区三次产业结构为1.9：43.3：54.8，结合钱纳里工业化模式的综合研究分析和顺义区发展特点等的综合分析，可以得出顺义区正处于后工业化阶段的初期。

表 4 - 4　顺义区经济发展阶段（2011 年）——后工业化阶段

基本指标	前工业化阶段	工业化实现阶段			后工业化阶段
		工业化初期	工业化中期	工业化后期	
人均 GDP（美元）（经济发展水平）	880 ~ 1745	1745 ~ 3500	3500 ~ 7000	7000 ~ 13120	13120 以上
三次产业产值结构（产业结构）	A > I	A > 20%，A < I	A < 20%，I > S	A < 10%，I > S	A < 10%，I < S
第一产业就业人员占比（就业结构）	60% 以上	45% ~ 60%	30% ~ 45%	10% ~ 30%	10% 以下

后工业化阶段初期的基本特征为人均收入达到中等收入国家水平，居民消费结构不断升级；随着劳动生产效率的快速提高，产业结构调整加快，第三产业的主导作用更加凸显，第二产业产值比重逐渐下降，就业人员从第一产业和第二产业向第三产业转移；同时，人口、资源、环境等矛盾逐渐突出，瓶颈约束加剧。

（3）社会环境

顺义空港城位于北京东北方向，距市区 30 公里，总面积为 1021 平方公里，其中平原面积占 95.7%。全区户籍人口为 57.4 万人，常住人口为 72.5 万人，下辖 19 个镇、6 个街道办事处、426 个行政村。近年来，顺义区坚持加快推进城乡一体化发展，以工业反哺农业、以产业增就业、以项目带就业、以服务促就业，鼓励从事第一产业的农村劳动力向第二、第三产业转移，重点推进"拆迁转非"和"就业转非"，确保农村人口合理转移。全面提高城乡社会保障均等化、一体化水平，积极为在第二、第三产业就业的农村劳动力缴纳社会保险，主动将农村户籍人口纳入社会保险体系，力争实现全体户籍人口"老有所养"的目标。顺义区先后被评为"全国绿化模范城市""国家卫生区""首都文明区""全国文化先进区""全国体育先进区""国家星火技术密集区""全国双拥模范城市"。未来，顺义区将重点推进新城商业中心、文化中心、体育中心、医疗中心、职业教育中心、行政服务中心六大中心建设，全面推进就业、医疗、保险保障等民生工程，全区社会事业发展必将提升到一个新的水平。

（4）技术环境

从全区总体情况看，顺义空港城的区域创新体系已初步建成。以孵化基地为核心，辐射带动区、镇经济开发区以及产业基地发展的科技孵化体系框架初步形成。全区重点科技企业共组建科研机构283家、科研生产联合体189家、发展市级研发机构14家。科研机构和科技人才队伍建设的加强，以及科技投入力度的加大，为推动区域科技进步、提升创新能力奠定了坚实的基础。

科技项目运作成效显著。顺义空港城围绕临空经济高端产业功能区、北京重点新城建设、科技奥运、现代制造业基地等重点领域的科技需求，着力整合区域科技资源，积极运作各级各类科技项目，加大对区域主导产业和重点行业的科技支撑力度。"十一五"期间，共组织申报国家级、市级科技项目253项，争取上级科技资金2.77亿元。其中，区委共建"三高"示范区、汽车产业科技支撑体系建设、北京国际种业交易中心建设、潮白河水质改善建设等一批重大科技项目争取资金额度均在千万元以上，对区域经济社会发展发挥了引领支撑作用，产生了良好的经济效益与社会效益。

4.2.2 SWOT 分析

（1）优势

近年来，顺义空港城注重人才的引进、培养，着力建设"宜居""宜业"的硬环境和软环境吸引人才，目前顺义空港城已经会集了一批"高精尖"的专业人才，为推动顺义空港城现代服务业的发展提供了智力支持和人才保障。

顺义空港城现代服务业九大功能组团发展迅速，现代服务业发展的内生动力强劲。如北京汽车生产基地以北京现代、索尼通信等为代表的现代制造业、临空高科技产业稳步发展；北京空港物流基地以中外运、顺丰、华夏基金、雅昌印刷为代表的航空物流、金融保险、文化创意等现代服务业生机勃勃。顺义空港城现代服务业依托首都国际机场这一临空资源，发展起步较早，积累了许多宝贵的发展经验，具备竞争优势。

（2）劣势

顺义空港城现代服务业的发展结构有待调整。例如，当前顺义空港城现代服务业增长主要依赖交通运输、仓储和邮政业，房地产业，金融保险业，这些行业贡献比例占现代服务业的70%以上，而"文化、体育与娱乐业""水利、环境和公共设施管理业""居民服务和其他服务业""卫生、社会保障和社会福利业"或是发展相对缓慢，或是由于企业数量较少，难以营造良好的市场氛围。生活性与公共服务业发展略显滞后，整体高端化严重受阻。顺义空港城与国际水平接轨的住宿、医疗、保健、文化、休闲娱乐等配套生活性服务业不足，不能满足飞行员、空乘人员及转机旅客等高收入人群的需求。并且，顺义空港城现代服务业从业人员结构不合理，人口流动性大。一方面，顺义空港城人才需求大于供给，劳动力资源不足，就业总量存在问题；另一方面，劳动力就业结构性矛盾突出。

（3）机会

北京世界城市建设步伐促进了顺义空港城现代服务业的加速发

展。《北京城市总体规划（2004～2020年）》提出了北京城市发展目标的定位——到2050年成为世界城市。北京市顺义空港城作为东部发展带上的重要节点，不仅是未来北京人口、产业集聚的新发展空间，而且是承担建设世界城市更多发展功能的区域。世界城市有集散和调控的作用，北京世界城市建设为顺义空港城发展提供了政策、资金、资源方面的倾斜，是顺义空港城发展的加速机遇期。首都机场的国际枢纽地位日益凸显，为顺义空港城建设奠定了坚实的基础。首都机场是世界第二大、亚洲第一大机场。2014年，首都机场旅客吞吐量超过8000万人次，连续五年排名全球第二。

2011年首都机场与国外机场区域经济影响力对比情况见表4-5。

表4-5　2011年首都机场与国外机场区域经济影响力对比

每百万旅客带来的影响	首都机场	肯尼迪机场	达拉斯沃斯堡机场	亚特兰大机场
直接就业人数（人）	1028	1193	949	654
总就业人数（人）	6017	4759	4482	1693
直接产出（亿元）	8.4	22.3	—	11.3
总产出（亿元）	25.9	35.0	16.6	20.0

资料来源：《顺义区统计年鉴》（2012年）。

顺义空港城的城市功能不断完善，发展承载能力不断提升。经过近年来的建设发展，顺义空港城已构建起以"六横、十二纵、三放射、六高速"为骨架、"棋盘＋放射＋环线"的路网格局。首都机场周边的道路交通、公共服务、生态环境等城市设施和功能已经初具形态。

航空服务企业和机构汇集，初步具备配置航空资源的功能。伴随着首都机场的发展，国内最知名、最重要的航空企业和机构纷纷进驻。这些企业在自身快速发展的同时，产生了强大的磁吸效应，正在进一步吸引各类航空服务企业和机构入驻，为配置全球航空资源、发挥核心区功能奠定了基础。

政策功能优势逐步显现，管理水平日益提升。在政策机制方面，北京市和顺义区两级政府积极采取各种措施优化产业发展环境。2012 年 5 月 28 日，顺义区出台了《临空经济区发展的"1 + X"政策体系》，针对不同产业，制定了不同的激励扶持政策。在管理方面，北京市和顺义区已经形成了较为成熟的临空经济发展领导机制，与首都机场之间的沟通、协调制度逐步完善，临空经济区的品牌效应逐步显现，地区发展的竞争力和影响力日益增强。

（4）威胁

复杂的经济形势将给顺义空港城现代服务业发展带来不确定性。从全球来看，经济处于金融危机后的复苏和调整期，消费需求的总量和结构发生明显变化，企业的市场风险随之增大。

东北亚枢纽机场的地位竞争带来的巨大挑战。在世界主要大区内，只有亚洲枢纽机场的地位尚未最终确定，东北亚枢纽机场的竞争也愈演愈烈。东京成田机场、首尔仁川机场和北京首都国际机场均具备建设东北亚国际枢纽机场的发展潜力。目前，成田机场或仁川机场东北亚枢纽机场地位的形成，对顺义空港城现代服务业的发展、产业能级提升和国际化发展形成了巨大挑战。

北京第二机场分流航空独享资源带来的紧迫性和不确定性。2011 年底，选址落于城南大兴区的北京新机场动工，力争 2016 年基本竣工。在一定程度上，新机场将削减首都国际机场的资源独享优势，分散首都国际机场的人流、物流和信息流，带来航空运输资源的再分配及航空运输运营的复杂化，对临空经济区的规划和发展产生一定影响。

4.2.3　PEST - SWOT 矩阵

根据上述 PEST 和 SWOT 分析，可以建立顺义空港城现代服务业的 PEST - SWOT 矩阵（见表 4 -6）。

表 4 -6　顺义空港城现代服务业 PEST - SWOT 矩阵

SWOT＼PEST		政治（P）	经济（E）	社会（S）	技术（T）
内部因素	优势（S）	1. 顺义区出台"1 + X"政策吸引企业 2. 政策功能优势显现，管理水平日益提升	1. 首都机场所在地现代服务业需求量大 2. 顺义空港城现代服务业起步早，内生动力强，具有先发优势	1. 劳动力素质不断提高 2. 天然的区位优势 3. 交通运输优势	1. 高校专业人才培养 2. 高新技术企业迅速发展 3. 科技项目运作成效显著
	劣势（W）	1. 有些不利于现代服务业发展的政策仍在沿用 2. 一些财税、信贷政策落后	1. 顺义空港城经济总量偏小 2. 现代服务业内部结构不合理 3. 九大功能区发展不平衡	1. 人口流动性大 2. 价值观念陈旧，消费水平偏低	1. 新技术的普及程度偏低 2. 现代服务业信息技术管理手段落后
外部因素	机会（O）	1. 北京市出台政策支持发展现代服务业 2. 北京市建设世界城市的拉动效应	1. 后工业化阶段带来的发展机遇 2. 基础设施建设投入加大	适合产业发展的良好社会环境	1. 先进技术投入应用，生产效率提高 2. 国外的先进发展经验进入
	威胁（T）	1. 区域竞争激烈 2. 北京市优惠政策向南城及第二机场倾斜	1. 后金融危机时代经济发展速度放缓 2. 能源成本增加	1. 土地、资源、资金紧缺 2. 国家规范用工制度，劳动力成本增加	1. 中关村等地区科技优化发展 2. 优秀人才移居国外，高素质人才流失

由表 4-6 的分析可知，目前顺义空港城现代服务业发展主要处于 SO 和 ST 位置。在 SO 位置时，顺义空港城现代服务业应采用增长性战略，利用优势和机会，加大投资力度，借助优势大力发展特色航空服务业和生产性服务业，从而推动现代服务业快速发展。在 ST 位置时，应采用多元化战略，利用优势避免威胁，注重生活性服务业的高端化、规范化，完善公共服务业，推动现代服务业全面发展。

4.3 著名空港城现代服务业发展现状及启示

选取最发达和特等发达的美国纽约、英国伦敦、荷兰阿姆斯特丹等理论界公认的世界城市进行案例分析，总结这些城市的现代服务业发展在其世界城市建设和蜕变过程中所起的作用。

4.3.1 美国纽约现代服务业发展

纽约是美国唯一的拥有三个大飞机场的城市，尤其是肯尼迪国际机场，是纽约市和新泽西地区最大的飞机场，也是美国东海岸最重要的国际机场。

（1）丰富的生活性服务业、公共服务业促进新城建设

肯尼迪机场西北部的牙买加中心城镇在发展过程中，现代服务业发挥了巨大的作用。城镇里发展的绝大部分是现代服务业，在牙买加中心 BID 有超过 300 个销售商店提供银行存取款、餐饮、珠宝销售、发艺、运动休闲等生活性服务业。在城镇里还有教育机构、文化传播机场、公共服务基础设施等，具体包括公园、商品购物广场、农贸市场、法院、教堂、医院、图书馆等，能够为城镇居民提

供各种生活服务。

在肯尼迪机场周边有健全的交通设施。机场周边有 11 条地铁线路，机场快轨连通了肯尼迪机场与牙买加中心，而其他地铁线路则与曼哈顿相连。长岛铁路 11 条线路中的 10 条都在为牙买加服务，每天通过牙买加市的旅客超过 20 万人次。平均每天有超过 14000 位旅客和机场工作人员乘坐 Air Train 班车前往肯尼迪机场。

（2）健全的汽车销售租赁和特色化的电话停车服务

肯尼迪机场周边的汽车租赁公司及停车场发展较快，周边聚集了汽车租赁公司、汽车销售公司、汽车保养和维修公司、汽车零部件销售公司以及停车场等，能全面满足机场往来旅客的需要。在机场西部还有一个功能健全的电话停车场（Smart Park），提供接送旅客到达机场航站楼、搬运行李、保护旅客自身汽车安全、快速退房等服务，方便旅客快速到达机场。

（3）多层次、多元化的文化教育服务体系

肯尼迪机场周围有全面的教育体系，不仅包含了纽约市州立大学、天主教大学等高等学府，而且开设了中学、小学、私立学校等中等教育学校，以及驾校等技能学校，方便当地居民接受良好的教育。在牙买加中心城镇还有皇后区公共图书馆、表演艺术广场中心、牙买加艺术与学习中心、纽约大学表演艺术中心等，为当地居民和机场旅客提供文化教育服务。

（4）机场周边发展全面的服务业，满足各种消费需求

在肯尼迪机场周边发展的现代服务业包括流通服务、生产性服务、社会服务、个人服务等。流通服务中以交通、零售为主，包括电话停车场、轨道交通、零售商店等；生产性服务包括银行、工程和建筑服务业，以及保险业、法律服务和其他营业服务等，具体包

括花旗银行、建筑工程公司、保险公司等；社会服务包括医疗和保健业、医院、教育、福利、宗教服务、非营利机构、政府、邮政等；个人服务包括家庭服务、旅馆和餐饮业、修理服务、洗衣服务、理发与美容、娱乐和休闲等，具体包括学校、医疗中心、各种星级酒店等。

4.3.2　英国伦敦现代服务业发展

（1）商务办公楼宇林立，会议会展业聚集发展

西斯罗机场周边聚集了 20 多个商业中心，主要以服务式办公场所为主，多以 Business Centre 形态出现，是伦敦西部办公的聚集地。以出租的形式，主要提供咨询、出租办公、影视办公、虚拟办公等商务服务。

伦敦希斯罗机场附近建设了永久性展览和会议中心。机场周边 10 公里以内分布的会议、会展企业有 20 多家，既能提供宴会服务，也能提供电影展、国际性会展、医疗会议等会展服务，兼有商务办公功能。其中，英国励展博览集团（Reed Exhibitions）、灵感展览和显示设备公司（Inspired Exhibitions and Display Ltd.）是周边具有特点和知名的会展企业。

（2）公共服务业健全发展，成为最适宜居住地

希斯罗机场周边的社会公共服务业齐全，是世界上最适合生活的临空经济区，商业配套、公共教育设施、公共医疗机构等各种类型齐全，其中比较有特色的是机场周边的公园、教堂和图书馆较多。希斯罗机场是世界上周边医院最多的机场之一，有一定规模的就有 28 家。伦敦是英国学生数量最多的城市，仅希斯罗机场周边就聚集了 10 多所大学，周边各个镇都有自己的图书馆和教堂等。

希斯罗机场是世界上周边绿地公园最多的机场，绿地主要分布在机场的东西两侧，几乎各个公园都有高尔夫球场设施，还有赛马场等，这也是英国的特色之一。

（3）连接北美和欧亚的枢纽服务中心区

希斯罗机场的区位以及机场的航线网络使得希斯罗机场周边成为连接北美和欧亚的枢纽服务中心区，这里坐落着多个跨区域总部。当英国制药业巨头威康制药（Glaxo Wellcome）合并美国史克美占（Smithkline Beecham）时，伦敦西部希斯罗机场周边成为连接美国费城业务的重要地点，其总部便设在这里。此外，在瑞典制药法玛西亚（Pharmacia）公司与美国竞争对手厄普约翰合并后，新成立的总部也设在这里。

4.3.3 荷兰阿姆斯特丹现代服务业发展

（1）荷兰将史基浦机场周边发展上升到国家战略高度

荷兰政府对史基浦机场周边的规划早在20世纪80年代便纳入国家战略并予以重视，至今荷兰政府将史基浦机场空港城升级至国家竞争力的战略高度。1988年，荷兰政府制定"Mainport"（Mainport是指史基浦国际机场和鹿特丹港）战略，以强化荷兰的物流优势，促进经济复苏，使史基浦机场成为荷兰的分拨中心。近年来，荷兰政府对史基浦机场的战略定位升级为改善荷兰的国际经济环境和提升国家竞争力层面。

荷兰政府在机场周边服务业的招商引资方面给予大力支持，主要政策包括优惠的税收政策、便捷的政府服务和先进的配套设施等几个方面。阿姆斯特丹政府为进入的外资企业提供公立的"一条龙"服务，成为包括空港城在内的各个园区服务业发展建设的重要推广者。

（2）机场、政府等多主体共同参与机场周边服务业的开发

图4－2中，阿姆斯特丹机场区域组织（Amsterdam Airport Area，AAA）主要为阿姆斯特丹机场区域中公共组织与私人企业之间的合作搭建桥梁，若服务型企业欲在机场周边选址，AAA会根据企业类型对适合的布局区域给出建议，并将企业资料提交阿姆斯特丹市政厅，市政厅确定企业为航空相关型方可入驻，并根据企业的要求由史基浦地区开发公司（Schiphol Area Development Company，SADC）或史基浦不动产公司（Schiphol Real Estate，SRE）负责开发建设符合企业要求的办公设施。同时，AAA拥有一整套完善的企业遴选机制，并负责整个开发区域的营销、宣传及对外活动等，在AAA的不断繁荣中起着举足轻重的作用。

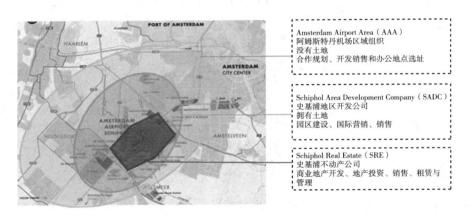

图4－2　史基浦机场周边的土地开发机构

SRE是史基浦机场集团全资子公司，参与机场建设，其主要业务是负责机场内部及周边商业地产开发以及地产投资、销售、租赁与管理。SADC成立于1987年，其目标是通过完善机场相关商业

园区和机场配套设施的开发与发展，进一步改善和提高史基浦机场的经济地位，提高阿姆斯特丹地区的国际竞争力。

（3）史基浦机场周边服务业聚集了大量的企业总部

史基浦机场周边聚集了一大批全球总部、欧洲总部、荷兰总部的等级梯度化总部项目（见图4-3）。其中，全球总部有荷兰皇家航空公司（Koninklijke Luchtvaart Maatschappij，KLM）、荷兰银行等；欧洲总部有普洛斯（ProLogis）、日立运输、尼康欧洲总部、欧洲气动元件大修及维修总部等；荷兰总部有微软（Microsoft）、欧莱雅、国际商业机器公司（International Business Machines Corporation，IBM）等。总部项目的聚集为史基浦机场周边第三产业的发展产生了极大的带动力。

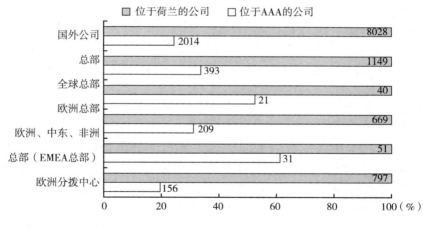

图4-3 史基浦机场周边的总部分布

（4）史基浦机场周边分销配送中心云集

长久以来，由于拥有欧洲第一大港鹿特丹港和欧洲第三大货运机场阿姆斯特丹史基浦机场，荷兰在物流方面一直是欧洲的门户。许多北美和亚洲公司在荷兰设立其欧洲分销中心（EDC）。如今，荷兰已吸

引了1000多个欧洲分销中心。史基浦机场周边聚集了雅马哈、佳能等
欧洲分销配送中心以及泛亚班拿欧洲货运枢纽等（见表4-7）。

表4-7 史基浦机场周边欧洲分销配送中心一览

地区	企业分销中心	业务
史基浦机 场中心区	Kerry Logistics	是亚洲领先的物流服务提供商
	LG Electronics	是一家电子产品生产企业
	NEC Logistics Europe de hoek	NEC物流有限公司，提供第三方物流、运输和 配送以及航空货运销售代理等服务
史基浦 机场南部	Yamaha Motor Europe	主要业务有乐器、资讯科技产品、电子设备等
	Canon	业务包括提供商业解决方案、消费者影像、广 播及通信、医疗系统和工业产品
	Nippon Express Europe	是世界领先的全球物流供应商之一，提供度身 打造的服务，以最好地满足客户的日常需求
	Vantec World Transport	凡达克国际运输代理公司，提供物流解决方 案、实时追踪和跟踪等增值服务
	Intel Benelux	全球互联网领域的领先提供商，提供芯片、主 板、系统、软件等
	Boeing International Corporation	波音国际公司，主要从事消费类电子产品的研 发和销售
史基浦 机场北部	Bell Helicopter Supply Center	贝尔直升机公司，提供销售、零部件配送和飞 机服务的全球支持
	Centocor	扬森生物科技公司，是一家生物技术公司，是 卫生保健产品的全球制造商和销售商
霍夫多普	bausch + lomb	是世界上最知名和最受尊敬的医疗保健公司 之一
	Kyocera	日本京瓷集团，从事精密陶瓷零部件、半导体 零部件、电子元器件的研发和销售
	霍尼韦尔	致力于发明制造先进技术以应对全球宏观趋 势下的严苛挑战，如生命安全、安防和能源。 其业务涵盖航空航天集团、自动化控制系统、 特殊材料等

4.3.4　发展启示

本章除了对上述三个著名空港城现代服务业发展情况做详细分析外，还对德国慕尼黑机场、英国希斯罗机场、韩国仁川机场、法国巴黎戴高乐机场等机场周边的现代服务业发展进行了总结，综合得出上述地区现代服务业发展的特点，对提出顺义空港城现代服务业发展对策具有参考作用。

（1）重点开发临空服务业，遴选高端化业态

通过上述对国外各大机场第三产业的分析可以发现，在临空经济的辐射范围内，主要生产性服务业一般集聚在航空运输、物流业、飞机后勤服务业以及生活服务业，其中生活服务业既包括为旅客提供的餐饮、住宿、银行以及一些航空指向和时间指向强烈的产业，也包括电子产品等研发销售类企业，这些产业与空港联系最紧密，是国外各机场重点开发的服务业类型。例如，哥本哈根机场商业区内主要引进以下几种类型的企业：物流、快递、货运代理、仓储、航空集散站业务、配送以及设计咨询、信息服务等。

在对国外机场临空产业的分析中发现，大多机场周边因发达的航线网络而吸引了众多研发企业集聚。例如，爱尔兰香农机场建立了五个科技园区，每个科技园区都设立了企业孵化中心，以国外高科技企业研发部门为主。机场周边呈现大型和高档型的商务酒店聚集态势。机场周边还聚集了多家高尔夫球场、高档健身会所等。而且总部型服务业居多，如慕尼黑机场商务园区已经云集了368家企业，其中包括超过100家IT行业的大型跨国公司入驻欧洲或德国的总部，体现了国外机场周边遴选业态高端化的特点。

（2）深度挖掘地区历史文化，拓展文化产业链

通过分析国外机场临空经济区域内产业可以发现，临空经济的发展，在一定程度上离不开当地原有传统文化及特色产业的支撑。传统文化，无论是在产业发展的经济实力方面，还是在产业发展的高度化方面，一般都具有较明显的优势。

荷兰是世界鲜花的枢纽，史基浦机场旁边成为花卉拍卖市场，成为世界鲜花定价中心，成为郁金香的国度。英国是世界工业革命发展的前驱，希斯罗机场周边聚集了多种类似的博物馆，如蒸汽抽水机博物馆（Kew Bridge Steam Museum），再如西雅图机场的波音飞机博物馆（Museum of Flight）、图卢兹机场的空客航空发展博物馆等，这些都是深度挖掘地区历史文化、拓展文化产业链的成果。

（3）整合多种交通运输方式，构建交通网络枢纽

通过对国外案例的分析发现，空港城是各种交通运输方式的汇集，发展空、海、陆等多种交通方式的无缝对接和多式联运，将不断拓展临空经济区的空间辐射能力。例如，荷兰阿姆斯特丹史基浦机场地区路网发达，铁路四通八达，机场邻近阿姆斯特丹港口，这为史基浦机场地区的物流发展提供了支撑，目前，史基浦机场地区已经成为欧洲物流集散中心。又如，韩国仁川机场与仁川港联动发展，通过海运将中国的货源运送到仁川机场，再将其通过空中网络送达目的地。临空经济区应成为一个地区的交通运输网络枢纽，是人流、物流的集散中心。

（4）完善生活配套服务

国外机场发展现代服务业更注重生活配套服务的完善和公共服务设施的建设。希斯罗机场附近有良好的教育资源：有托儿所、小学、中学、大学，也有各种培训学校和私立学校。机场周边公园的

建设也成为机场公共服务业建设和环境美化的重点，如巴黎戴高乐机场周边的拉维列特公园。

（5）商务园区集聚，促进商业发展

机场周边建立了各种类型的商业园区、物流园区，使商业、服务业、物流业形成集聚发展态势，并使其发展成为地区或国际枢纽中心。例如，希斯罗机场周边的斯托克利公园（Stockley Park）是欧洲最大的商业园区，集聚了互联网电子信息、生物医药、律师咨询、进出口贸易、零售等服务业。又如，史基浦机场周边的物流园区是欧洲物流集散中心，仁川机场周边的商务中心成为国际商务中心，等等。

（6）适时调整发展策略，适应现代服务业发展趋势的变化

现代服务业发展的大趋势，使得机场周边也不得不顺势发展。要适应外部形势的变化，适时调整产业发展方向和发展策略。例如，随着欧洲航空城建设中模仿和竞争的加剧，阿姆斯特丹航空城适时地调整了原有的发展定位和发展规划：一是通过整合分散的功能设施以提升本区域的国际竞争力；二是发展多式联运以改善航空物流运作的外部环境；三是采取商业、商务开发并重的经营策略，从而产生大量非航空收入。希斯罗机场周边的斯劳贸易产业区在1920年开始创建的时候是以工业为主的，到了20世纪50年代，园区产业由重工业向轻工业和商业转变。20世纪80年代，斯劳贸易产业区成为伦敦西部电子和IT行业的中心，产业转向以知识型企业为主，涉及计算机、通信和医药等领域。

（7）以新城发展为带动，促进空港城现代服务业的发展

通过对国外空港城现代服务业的分析发现，以发展新城的方式发展机场周边第三产业也是一个优选方案。通过在机场与新城之间建立高速通道，机场客流成为新城的高端消费群，消化吸收新城带

来的第三产业供给，形成良性发展，既提高了机场周边区域的第三产业占比，也可以留住机场大部分客源。

从机场到航空城的演变，城市化的发展模式是一种趋势。以机场周边开拓新城的方式发展服务业，不仅可以进行科学化、全面化的布局，提高单位面积产出，而且能够成为机场周边新的经济增长极。例如，肯尼迪机场西北部牙买加中心城镇的发展，对带动肯尼迪机场周边三次产业的发展发挥了巨大的作用。

4.4　顺义空港城现代服务业发展对策建议

结合典型空港城现代服务业发展的经验，从现代服务业融合发展等理论出发，以前文的 PEST - SWOT 分析为依据，确定顺义空港城现代服务业的发展目标：以现代服务业为主导，打造以航空港为枢纽的世界城市国际交往中心，以航空运输服务、航空物流业为基础的国际枢纽型空港物流基地，以总部经济、高科技服务、会展等产业为主导的北京东北部生产性服务业中心，以商务旅游、高端商贸、汽车高端服务、金融咨询等为基础的生活性服务业都市区，以创新城市管理、高城镇化质量、社会事业全面发展的和谐生态商务型城镇，最终将顺义区发展成为国家级临空型现代服务业发展示范区。

4.4.1　推进产业融合发展，延伸发展特色航空服务业

（1）积极融合其他产业，发展特色航空物流业

顺义空港城可借助良好的经济发展形势，依托天竺综保区的建设与运营，实现航空物流与其他产业的融合发展（见图 4 - 4），推

进建设以生物医药和医疗器械为引领的国际采购分拨中心、以航空器材及 IT 产品为主体的保税维修中心、以国家级测验重点实验室为依托的公共检测实验中心、以高精端国际贸易和文化创意产业为特征的保税展览展示交易中心、以飞机租赁为突破口的离岸金融中心，开启航空物流发展新的增长点。

◇ 国际采购分拨中心：以生物医药和医疗器械为引领

◇ 保税维修中心：以航空器材及IT产品为主体

◇ 公共检测实验中心：以国家级测验重点实验室为依托

◇ 保税展览展示交易中心：以高精端国际贸易和文化创意产业为特征

◇ 离岸金融中心：以飞机租赁为突破口

图 4 – 4　航空物流与其他产业融合发展

● 具体发展领域

国际采购分拨中心。紧抓生物医药产业振兴机遇，建设药品等高附加值航空物流货物采购分拨中心。大力吸引美国通用、强生医药等企业在综合保税区内设立全球性贸易总部，逐步形成区域内存储、加工、研发、服务"一条龙"格局，实现商流、物流、信息流、资金流一体化运作，从而带动产业升级和整个产业链的良性发展。建设以生物医药和医疗机械为引领的国际采购分拨中心。

保税维修中心。建设以航空器材及 IT 产品为主体的保税维修中心，与环渤海地区其他航空维修产业差异化发展，主要引进以东航、南航机务维修以及国航与罗尔斯·罗伊斯发动机维修为代表的项目，并以航材的保税仓储为支撑，逐步建设成为具有国际影响力的航空器材、附件维修基地，完善首都国际机场的航空维修功能，引领北京航空维修产业步入国际航空维修前列。同时，积极引导手机、笔记本电脑等IT产品维修产业集聚，带动北京高端IT产品维修产业的崛起。

公共检测实验中心。重点建设以国家级测验重点实验室为依托的公共检测实验中心。积极推动全国领先的移动通信设备检测重点实验项目落户综保区，努力搭建以"机电""食品""植物"为核心的进出口产品公共检测中心，引导企业提高质量管理水平，促进特色产业集聚，抢占世界经济发展和科技创新制高点，全方位提升外贸进出口的国际竞争力，为北京发展现代服务业开启面向世界的崭新窗户。

保税展览展示交易中心。利用天竺综保区的综合优势，发展以突出新技术、新产品展览展示为核心的航空器材、奢侈品、电子产品等专业性展览，围绕"空港、物流、新技术、新产品"做文章，打造永不落幕的保税展览平台。与国际展览中心实行错位发展，成为北京展览业的有机组成部分，作为联系国际、国内市场的桥梁和纽带，为中外客商提供展示企业形象和提升品牌竞争力的服务平台，推进国际贸易繁荣和口岸物流的进一步发展。

离岸金融中心。以飞机租赁为突破口，以国内首架租赁飞机在天竺保税区交付为契机，以跨境贸易人民币结算试点为动力，争取先发优势，吸引金融租赁和外贸投资融资租赁公司集聚，将综保区建设成为我国发展国际航空金融租赁的创新区域。同时，逐步探索开展离岸金融的政策与监管模式，向国家有关部门申请建立离岸金融试点，使顺义综保区成为首都金融与国际对接的试验地。

● 发展措施

第一，深化协调沟通机制，建立招商引导机制。顺义空港城区域内有海关和检验检疫等国家垂直管理部门、市政府相关委办局、首都国际机场等运营主体，应建立与上述单位的有效协调沟通机制。争取加大市政府支持、介入力度，增强管委会在开发建设、招商引资、行政审批等方面的协调能力，大力推进天竺综保区的开发建设运营。同时，制定出台优惠的招商引资政策，优化投资环境，主动掌握重大项目信息，利用中介机构扩大招商渠道，找准重大项目与区内政策的结合点，引导大项目入区，推动航空物流业积极与其他产业融合互动，促进特色航空物流业的发展。

第二，创新监管模式，完善管理机制。积极推动海关和检验检疫等监管部门创新监管手段，出台便利化通关举措，畅通通关途径，逐步建立关检密切合作的企业诚信监管模式。建立管委会协调区内外相关产业融合发展的运行模式，通过激活产业链条中的保税环节，辐射带动区域相关配套产业发展，形成区内外互动发展的良好局面。充分发挥现有保税资源的综合效益，进一步挖掘天竺综保区保税服务平台的潜力，提升综保区的产业发展水平。

第三，建立科学、有效的区域评价体系。结合综保区的产业发展特点，建立一套行之有效的统计指标评价体系；综合评价保税业务、国际贸易等对综保区产业发展的贡献，及时调整和优化产业结构，推动航空物流与相关产业的良性互动发展，延伸产业链；合理评价综保区对市、区经济的辐射带动作用，大力完善促进顺义区快速发展的政策措施体系。

（2）依托现有航空产业优势，推动发展航空相关服务业

航空产业，一般是指围绕航空制造产业，涵盖整个航空产业

链，与航空相关的研发、制造及服务等各产业的综合，包括航空研发、航空制造、航空试飞检测、航空维修、航空培训、航空展览等产业的集群。其中，除航空生产制造外，其他属于航空制造产业的生产性服务业见图4-5。

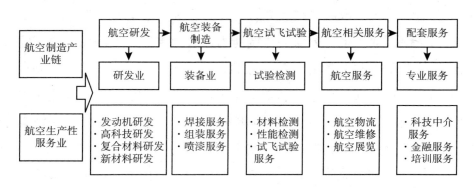

图4-5　航空生产性服务业与航空制造产业互动发展

顺义空港城借助临空经济区航空产业园的建设，以中航工业为依托，初步形成了航空产业高端制造、航空研发、航空维修、航空服务等航空产业链优势，航空产业发展初露锋芒，优势逐步凸显。中航工业集团发动机有限公司、中航系统有限责任公司、中航工业技术基础研究院、中翼航空投资有限公司等航空制造、航空服务产业入驻航空产业园。围绕航空高端制造所溢出的相关生产性服务业，重点推动发展航空研发、航空维修、航空试飞试验、航空博览馆等，实现服务业与航空制造产业的融合发展，最终成为航空研发基地、我国最大的航空维修中心、我国航空产业现代服务基地。

● 具体发展领域

航空研发。借助临空经济区中航工业航空产业园，以中航工业为核心，依托航空产业高端制造的发展优势，开展航空研发服务业。目前中航工业技术基础研究院（中航复合材料工程技术中心）已进驻航空产业园，但是还没有形成规模，难以占据航空产业链高端。顺义区可积极推进发展航空研发产业，集中发展航空器设计、航空复合材料研发、航空新能源研发、航空信息系统开发等航空研发服务。提高我国航空产业自主创新能力，增强我国航空制造的能力，提升航空产业的竞争力和地位，打造北方航空研发中心，为我国大飞机生产和民航强国提供有效的支撑。

航空维修。借助国际航空维修服务向发展中国家转移的有利时机，以及中航工业航空产业园的发展建设，吸引知名航空器材维修企业入驻，做大做强航空维修服务和第三方维修服务，与航空制造业形成互动发展，为国内外航空公司的各类机型提供航线维护、飞机大修、发动机大修和附件修理等各种航空维修服务。拓展航空保税维修服务，打造中国航空维修服务基地，提高顺义航空维修业的影响力，并有力支撑航空制造业的发展。

航空试飞试验。充分利用首都国际机场的跑道，以中航工业为主体，围绕航空试飞、航空试验、航空性能检测等航空试飞试验服务，建设打造中国的飞行校验中心，为航空研发制造提供试验和性能检测服务，为航空制造提供试飞测试服务，实现与航空制造良性互动发展，促进航空技术的改进和航空产业的高效发展，提高航空产业的整体能力。

航空博览馆。以政府为主导，牵头三大航空公司联合建设航空博览馆，打造中国民航国际博览馆，通过实体机或模型来展示我国民航业的发展历史，展示中国飞行员、空姐的风貌。同时，建立分区作为三大航空公司的展示区，用以展示各大航空公司的历史、人物、荣誉等。通过建设航空博览馆来有效展示中国民航的历史、技术以及现代航空产品等，普及民航知识，了解我国民航业的文化，提高北京顺义在中国民航业发展中的地位。此外，在航班延误时，航空博览馆还可以有效吸引机场转机旅客，对航班延误实现有效的补救。

● 发展措施

第一，加强对民航科技产业的培育，集聚航空研发企业。大力推进建设以企业为主体，产、学、研相结合的航空科技创新体系，积极依托中航工业技术基础研究院，建设成为我国航空重大科技项目攻关中心。加快建立民航科研成果转化机制，加大科研成果转化的政府扶持力度，打造一流的科技孵化园，加快建立航空产业孵化器，吸引研究中心、工程中心、重点实验室等机构入驻，建立航空技术、产品测试、认证中心，成为具有世界水平的创新研发基地，创建国际一流的航空科研平台，为顺义临空经济区乃至全国航空制造业提供技术支持和服务。

第二，加强国际交流与合作，推进航空产业发展。积极开展国际交流与合作，充分发挥中航工业航空产业园的效应和固有的区位优势，与国际知名航空业跨国公司建立战略合作关系。利用国航和汉莎合资经营的北京飞机维修工程有限公司优势，继续深化与汉莎技术公司间的交流与合作，争取在顺义拓展更多航空维修业务，提供更多的技术支持。全面加强与国家部委、国内外大企业的合作，通过中航集团，大力开展合作研发、合作设计、合作制造等经济技术合作，重点引进航空研发、航空相关产业（机场和空管）、航空材料、飞机改装和维修以及航空旅游等企业，打造航空全产业链优势，占据产业链高端。

第三，树立人才全球化观念，吸引航空相关高端人才。树立人才全球化的观念，通过引进国外大型航空研发和航空维修机构、选派科技人员到国外学习考察等有效途径，吸引和培养航空所需的高端人才；充分发挥首都高校集聚的优势，积极引进航空研发、航空维修、航空检验等航空相关的高层次人才。同时，依托和发挥中国民航大学民航专业门类齐全、高层次民航科技和管理人才集聚的优势，为航空研发和航空维修的建设与发展提供充足的技术服务人才和专业技术人才。此外，建立对高端人才的奖励制度，鼓励各种智力要素、技术要素以各种合法形式自由参与利益分配和股权分配。

第四，加强政府政策引导，推进航空产业园发展。依托临空经济区航空产业园的现有优势，在招商上，政府应积极提供相关优惠政策吸引航空研发机构入驻，并提供专项资金扶持，给予税收上的优惠和高科技人才的奖励措施。加快推进航空产业园发展，以航空制造业为发展契机和发展引擎，吸引航空制造产业链的高端——航空研发企业、航空维修机构等向航空产业园集聚。同时，加快重大科研项目建设步伐，实施优势研发培育行动计划。

4.4.2 促进生产性服务业与制造业互动发展

（1）延伸汽车制造业链条，发展汽车高端服务业

汽车产业从狭义上来讲主要是指汽车工业，从广义上来看是以汽车工业为核心，结合与汽车工业相关的科研教育、文化及服务、设计研发等产业，最终形成一个以汽车生产销售为中心的产业集群（见图4-6）。

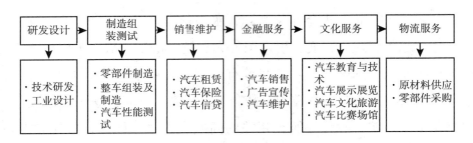

图 4 - 6　汽车产业价值链

由图 4 - 6 可知，汽车产业市场价值的实现是一个由研发设计、核心销售维修、辅助配套服务到运行延伸服务逐层拓展延伸的过程，各个产业环节之间相互联动。本章将汽车服务业的功能划分为生产导向服务功能、核心销售服务功能、辅助配套服务功能和运行延伸服务功能（见表 4 - 8）。尤其是借助中国汽车租赁业这一蓝海市场，根据中国居民出行方式的变化，利用顺义首都国际机场的区位优势，在机场和城区外环科学布局汽车租赁服务中心，优化顺义商务和旅游环境，缓解交通压力。同时，配套性地发展汽车金融业务，延伸发展汽车产业链。

表 4 - 8　汽车服务业的四大功能

项目	生产导向服务功能	核心销售服务功能	辅助配套服务功能	运行延伸服务功能
功能	以制造商为对象，促进汽车产品升级，提高汽车生产效率和生产质量	以客户为对象，通过一系列服务，实现汽车从生产者向用户转移	以客户为对象，保持汽车正常行驶、车容整洁，防止车辆损坏	以客户为对象，满足因汽车使用而产生的个性化、多样化需求
特征	进入壁垒高，知识、技术、资源密集，需要丰富的经验积累	进入壁垒高，对生产企业的依赖程度高	进入壁垒低，体制和机制灵活，创建品牌需要大量投入	进入壁垒低，需求个性化，大多为非营利性企业与其他产业融合

续表

项目	生产导向 服务功能	核心销售 服务功能	辅助配套 服务功能	运行延伸 服务功能
分类	汽车及零部件研发、物流服务、广告和市场研究、技术支持	新车销售、零部件供应、旧车销售、汽车金融、融资性租赁	汽车维修、汽车保养、汽车快修、汽车装潢、汽车美容、汽车用品、汽车租赁	汽车电子、汽车影视、汽车音乐、汽车运动、汽车旅游、汽车展示、汽车博览、特色餐饮
市场阶段	市场成长期	市场成熟期	市场培育期	市场成长期

　　顺义空港城应依托汽车制造业强大的基础，拓展汽车产业链及高端服务环节，提升汽车服务、技术创新功能，实现汽车制造与汽车服务互动、互补发展。重点发展汽车教育及技能培训、汽车研发设计、汽车展销中心、汽车租赁服务中心、汽车金融服务中心和汽车文化旅游。实现汽车产业结构从"生产型"向"生产型和服务型并重"转型。打造一个高起点规划、高水平设计、高标准建设、高效率运作和高回报经营相结合的集规模化、系列化、专业化于一体的国际汽车服务产业MALL，带动整体汽车服务业更好更快发展，最终成为北京市汽车现代服务产业示范基地、我国北方最大的汽车服务中心。

　　● 具体发展领域

　　汽车教育及技能培训。中航发动机、北京现代三工厂、北汽自主品牌乘用车项目在建即将投产，造成汽车、发动机行业内人员流动大，对技能人员的需求增大，特别是有经验的机修工、模修工、高低压电工等技术工人存在短缺。这些都是汽车技能培训业发展的方向。而教育能够为汽车产业的发展储备人力资源，因此可以引进一家汽车高等教育院校。

汽车研发设计。北京汽车产业研发基地应加强汽车研发设计，在已有的研究基础上重点围绕汽车产业开展外观、内饰及汽车文化产品的相关设计，发展汽车创意设计。

汽车展销中心。首先，主要打造集国内外品牌轿车、货车、专用车等整车交易、汽车零配件展销、汽车装饰美容材料展销等功能于一体的汽车精品展销中心，建设具有高标准、现代化、多功能的汽车展场、试驾场地等服务设施的综合性汽车商贸中心。其次，打造以北京现代汽车为主的北京汽车博物馆，包括汽车生产流程展、北京现代汽车历史文化展，可以展示顺义区汽车制造业的发展历史，也可以让观众参观汽车制造全过程。

汽车租赁服务中心。顺义区政府可以充分整合行业内的信用信息资源，利用社会信用服务机构的专业力量，建立租赁行业信用信息服务平台，并在业内制定相应的信用管理制度与流程，构建有机的信用奖励与惩戒机制，用以规范客户的交易行为。

汽车金融服务中心。培育行业领先的汽车金融服务机构，提供符合个人与私人企业客户融资需求的汽车信贷服务。为知名企事业单位中符合条件的雇员提供主动购车授信服务，并为资信优良的国有和私营企业提供车队融资服务，等等。

汽车文化旅游。首先，以建设汽车比赛场馆为载体，定期举办不同规格的汽车赛事，提高顺义区汽车产业的知名度及品牌影响力。其次，与顺义旅游景点协调发展，如与北京现代汽车博物馆互动发展。

● 发展措施

第一，加快人才集聚，大力培养高素质、专业化的服务人才。建立汽车产业人才引进专项基金，对列入北京市重大科技创新项目的海外人才项目，给予科研经费资助；对符合汽车产业定位，带技术、带项目、带资金的海外高层人才，给予专项资金补助；对高层次人才给予一次性安家补助。招商引资与招才引智相结合，建立引资和引才工作联动机制。同时，建立和完善人才激励机制。

第二，实行财政扶持政策，争取建立区级汽车产业发展专项促进基金。具体用于支持企业提升创新能力，用于企业技改、研发创新和信息化建设等；支持产业链协作，配合企业倍增计划的实施，对采购本地原材料和零部件、雇用本地劳动力、属地税收超过一定额度的企业给予奖励；支持企业扩充产能，提升综合经营能力，为企业重大项目的实施与运转提供流动性资金贷款的财政贴息。

第三，制定针对性招商策略，强化龙头招商。加大产业链招商工作力度，借助北京现代在北京市及顺义区汽车产业中的重要地位和作用，对能够进入北京现代体系的企业，建立落户审批绿色通道制度，安排专人负责协助汽车企业完成入驻顺义的各项行政审批手续，支持企业进入现代配套体系；对现代集团京外配套企业中具有较高技术实力、较强产品竞争力、符合北京产业发展的企业，实行重点定向招商，促进重卡、轻卡产业链的搭建。

第四，专设汽车行业协会，协调和解决发展实施过程中的各类问题。成立汽车行业协会，针对龙头整车企业、配套零部件中小企业等不同类别，研究相应的长效支持政策；加强行业协会能力建设，支持行业协会与各类中介机构等建立合作关系，为企业提供全面、高效的人才培训、管理咨询、信息资讯、品牌推广等各类服务。一是加强产业政策和信息引导；二是帮助企业开展技术改造、技术创新、企业管理等方面的工作；三是组织企业参加国内外专业展览会，协助企业开展品牌创建工作；四是组织国内外专家开展汽车零部件企业的技术提升诊断辅导工作。

第五，重点发展和培育汽车租赁业。中国租车市场充满商机，但因处于初级发展阶段，行业里企业鱼龙混杂，经营模式和管理理念与国外相比相差甚远，也缺乏相应的法规。此外，个人信用机制缺失、无资金保障等也是汽车租赁经营者面临的难题。建议政府整合银行、保险、房地产、交通等部门实现信息共享，制定行业法律法规，保护市场各方利益，降低租车人被骗租的风险，营造良好的发展环境。同时，适当给予政策倾斜和扶持，培育租车市场。由于汽车牌照的出行限制，越来越多的租车人偏好异地还车，给租车企业带来诸多不便，而且，在车辆违反交通规则的处理方面也存在诸多不便，租车人无法及时对承租人在承租期间的交通行为进行监督，给汽车租赁企业带来损失。因此，政府应聆听市场主体的需求，在使用地、牌照、信息等方面给予租车企业一定优惠，最大限度地减少给租车企业带来的不便，培育租车市场。目前，租车行业的连锁经营已是必然的趋势，布局全国市场乃至全球化的大型租车企业将是市场的主流，应多加关注它们的需求，积极引导和扶持这些企业的发展。

（2）拓展装备制造产业，发展装备制造相关服务业

装备制造业是国家工业化、现代化水平和综合国力的重要标志，装备制造是一个由外部服务、内部服务、生产制造、市场营销和售后服务等活动组成的全过程（见图4-7）。装备制造业企业既是生产性服务业发展的基础，又是生产性服务业服务的对象，生产性服务业的发展依赖装备制造业产品的发展，但又不能依附于生产制造业的企业。生产性服务业要与国际接轨，逐步从制造业企业中剥离出来，充分体现社会化、市场化、专业化的特色。

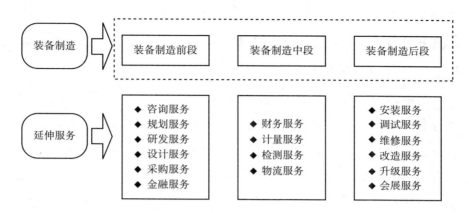

图 4 – 7 装备制造业生产性服务业产业链解析

顺义空港城高端制造业发展实力强劲，顺义区林河经济开发区的四大主导产业中有光机电一体化与数控机床等现代装备制造业的生产，目前集聚了北京北一数控机床有限责任公司、北一大隈（北京）机床有限公司、北京英迈特矿山机械有限公司、埃莫斯塔（北京）机械有限公司、赛多利斯科学仪器（北京）有限公司等装备制造企业入驻。但是目前与装备制造业互动发展的生产性服务业发展明显不足。随着国家加快调整产业结构，以及推进经济发展方式转变，顺义应依托装备制造业基础发展优势，加快推进与装备制造业相关的生产性服务业发展。同时，可推动发展装备制造研发服务、金融服务等相关生产性服务业与装备制造业实现互动发展。

• 具体发展领域

装备制造研发服务。拓展装备制造研发服务范围，实现产业结构有效调整，加快转变经济增长方式。发展技术研发服务、工业技术设计、工业流程设计、信息系统研发、系统集成与设备成套研发等相关生产性服务业的发展，实现装备制造业的"产、学、研"协调互动发展，为顺义装备制造业的快速、健康发展奠定坚实的基础，提供有力的支撑条件。

金融服务。建设装备制造业金融服务平台，积极开展金融租赁业务和保单融资，构建多层次债券交易体系；开展装备制造业保险业务，引导装备制造企业和项目业主对重大技术装备的投保；结合官方资本、民间资本、海外资本，运作成立风险投资基金。利用金融发展平台，借助金融，为装备制造业发展提供融资服务，推动装备制造业的发展，实现良性互动发展。

● 发展措施

第一，制定严格的企业遴选标准，鼓励发展研发型企业。在装备制造业升级发展的过程中，制定严格的企业遴选标准，对计划入驻的产业进行严格筛选，鼓励和扶持研发型企业入驻。对入驻企业进行引导和控制，不予入驻传统的装备制造业，为研发型企业提供优惠入驻政策，减少对装备制造产业研发机构的税收，鼓励企业积极开展自主研发，推动顺义研发型服务业的发展，保障顺义空港城高端装备制造产业的可持续发展。

第二，集中优势资源开展针对性招商，吸引大型公司研发中心入驻。针对顺义的实际情况转变经济增长方式，加快推进服务业建设和发展。对于装备制造业的发展，顺义应重点吸引与装备制造业有关的研发服务企业，吸引国内外一流研发型企业入驻，实现强强联合，为顺义打造高端制造产业集群奠定坚实的基础。先期可以吸引国外大型企业的全球研发中心入驻，借助其优势，带动研发相关企业的集聚，重点发展装备制造研发、金融服务、技术咨询服务，形成高端制造的完整产业链和企业群。

（3）解析电子信息产业链条，打造创新电子信息服务业基地

顺义空港城电子信息产业以电子信息制造业为主，并呈现相对集中的趋势。如30家电子信息制造业企业中产值超亿元的企业有9家，除索爱普天外，其余8家企业累计完成产值39.7亿元，占30家企业总产值的14.7%。顺义空港城的电子信息产业依托首都国际机场，结合电子信息产业链（见图4-8）各环节的特点，考虑顺义区目前电子信息产业发展的瓶颈问题，以电子信息产品保税维修为重要支撑，以电子信息产品研发及检测为辅助，延伸电子信息产业链条发展应用创新（如航空物联网），形成具有国际影响力的全球RMA中心、中国特色电子信息产业基地。

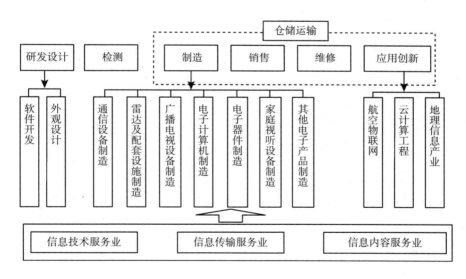

图4-8　电子信息产业链

● 具体发展领域

电子信息产品保税维修。针对国内生产的销往海外的产品以及免税进口的国外生产的产品进行维修，在顺义建立全球RMA中心

进行国际维修。此外，凡是在顺义进行国际维修的产品均可贴有相关的质量保障标签，在得到国际认可的同时，也创造了中国特色品牌。

电子信息产品研发及检测。一般来说，电子信息产品的研发及检测要利用世界上一些先进和昂贵的设备，这些设备的使用周期并不长，企业如果购置的话需要缴纳大量的关税，而如果在综保区内进行研发调试，就可以享受免缴设备购置税等优惠，极大地节省了企业的研发检测费用。

航空物联网。物联网由网络系统、自动数据采集系统和编码系统三部分组成。航空运输物联网可实现航空货运无纸化、信息化，如电子货单的制单、打印；网上打印出电子货单的条形码信息或智能标签；提供电子支付功能，包含网上支付、信用支付、清算服务、打印发票信息等；电子认证和网上验真；提供在运货物状态信息追踪；实现数据共享和交换；等等。这将有助于推动航空物联网业工作流程的信息化，推动技术标准的统一，推动智能商业模式的建立，推动整合研发、制造、服务各个环节大规模产业链的形成。航空物联网的建立将为培育具有国际竞争力的大型航空枢纽、网络型航空公司提供技术支持。航空物联网平台的建设分为三个阶段：第一阶段，建设电子货单平台 1.0 版，实现国内货物运输管理；第二阶段，支持国际货物运输管理，实现与海关、检验检疫部门的电子数据交换；第三阶段，与其他运输方式物流平台连接，实现多式联运。

● 发展措施

第一，搭建平台，明确电子信息产业规划。由顺义区政府出面建立顺义电子信息发展领导小组，制定相关的工作制度，健全电子信息产业发展机制。加强学习调研，组织有关单位到大连、成都等地学习软件园区建设经验，根据实际情况，制定针对电子信息产业的发展规划，厘清发展思路，明确工作措施，促进产业发展。

第二，集成合力，完善专业人才引入机制。制定相关的优惠政策，如住宿、餐饮、培训等，吸引相关人员，尤其是从政府层面对有突出表现的个人进行奖励。

第三，重点扶持，延伸发展电子信息产业链。目前顺义区电子信息产业主要以电子信息制造业为主，政府应注重调整产业发展方向，合理布局，加快特色产业发展，加大对企业研发工作的支持力度，积极有效地促进关键电子信息产业重大项目落地，为延伸发展电子信息产业链打下良好的根基。

（4）融聚区域关键优势，构建特色金融产业

2008 年 4 月出台的《中共北京市委、北京市人民政府关于促进首都金融业发展的意见》提出，未来金融业的发展目标是将北京打造成为具有国际影响力的金融中心城市。北京作为环渤海地区的中心城市，其国际金融中心的建设定位将对环渤海地区乃至整个东北亚经济圈形成有效辐射。《顺义区"十二五"时期金融业发展规划》明确指出，要将顺义区打造成为承载首都金融功能扩展的新兴金融功能区、深化首都金融改革创新的金融创新试验区和北京东北部的区域金融中心。

因此，顺义空港城的金融产业将依托首都国际机场，以首都金融改革创新机制为发展契机，以天竺综保区为支撑，充分利用顺义区优越的区位优势，重点发展离岸金融、飞机金融租赁、绿色金融，将顺义打造成为具有区域特色的金融功能区。

● 具体发展领域

离岸金融。首先，在没有任何政策支持的情况下，吸引外资银行进驻，开办基础性离岸银行业务；其次，申请成为离岸金融试点，拓展业务范围，发展经营主体；再次，进行离岸金融创新性研究，申请开办人民币结算试点；最后，在政策的支持下，发展成为中国离岸金融业示范区。

飞机金融租赁。顺义区保税区的重点在于引入从事飞机租赁的银行系金融租赁公司，尤其是世界影响力较大的银行系金融租赁公司。发挥"磁石效应"，吸引同类企业以及对航空器材租赁有需求的航空公司集聚。同时，逐步进行飞机租赁的金融产品创新，可逐步拓展业务范围，发展高端医药检测设备等投入资金较大的大型设备租赁。

绿色金融。绿色金融正成为金融发展的核心，绿色经济对绿色金融的需求日益强劲。如环境保护、污染物的处理要横跨多个行业，单纯依靠国家财政拨款解决资金需求是远远不够的，需要发展绿色金融体系来弥补资金的缺口。同时，太阳能、核能、风能等新能源的研究开发及产业化，同样需要绿色金融提供大量的资金。政府需要加大绿色金融政策的引导，鼓励银行、保险、证券、投资银行等金融机构深度介入绿色金融业务。

● 发展措施

第一，开展飞机融资租赁业务的税收政策。外国企业在中国境内未设立机构、场所或者虽设有机构、场所，但与该机构、场所没有实际联系，而有取得的来自中国境内的利润（股息、红利）、利息、租金、特许权使用费和其他所得，均应就其收入全额征收预提所得税。在综合保税区内设立分支机构虽然具有境外企业性质，但其本质是为境内企业投资设立的，并且拥有实际的办公场所，因此，国家各职能部门可以进行有效的监管。应协调财政部和税务总局批准：对于分支机构从境内企业收取的租金不征预提所得税；或对于分支机构从境内企业收取的租金征收预提所得税，但在分支机构缴纳所得税时全额抵免；对于境外金融机构或投资者来自分支机构的利息和投资收益，也适用优惠的预提所得税率。

第二，加快推进新型金融体系建设。通过区域整体，不断壮大地方金融机构，提升融资服务支持能力；严格中介服务行业准入、退出等行业监管，形成良好的中介服务行业执行规范，提高公信力；发展高科技保险，推动保险在自主创新成果推广、重大项目应用、第四方物流市场培育等方面发挥作用，壮大保险市场。

第三，加大金融机构引进力度。通过改革和创新，促进融资租赁公司、新型产权投资基金公司、创新性担保公司等入驻，实现顺义区金融机构规模和金融业务的扩张，全面增强顺义区金融业的集聚和辐射能力，促进顺义区域金融中心的快速成长。加大金融招商引资的力度，注重部门合作，联动招商；注重上游资源，源头招商；注重全程服务，情感招商；梳理优惠条件，政策招商。争取通过这种途径，让更多的金融机构落户顺义，为顺义金融招商工作打开一个新的局面。

（5）借医疗旅游之势，筑国际中国特色医疗产业

依托首都国际机场的交通便利优势，以北京建设世界城市为契机，以规范化、多元化为标准，赋予更多的中国本土元素，打造医疗特色鲜明、医疗环境优美、医疗功能完善的机场医疗保健中心，

为游客提供具有中国特色的国际化医疗旅游服务，具体发展思路见图4-9。

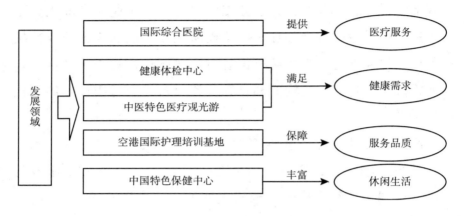

图4-9 医疗旅游发展思路

● **具体发展领域**

国际综合医院。通过引进先进技术、吸引人才，保障医疗质量。医院里可设旅行社，代办签证延期手续等。

健康体检中心。可以提供个人健康体检服务、企业健康管理解决方案、航空旅游体检项目。建议国内著名健康体检机构慈铭体检与国航深化合作"健康医疗旅游"事业，推出"航空旅游体检"项目。

中医特色医疗观光游。可发展的项目有兴建中医药博物馆，深度挖掘中医养生文化的科学内涵，达到知识性、趣味性和观赏性完美结合；体验中医独特诊疗，推广优质的中医康复保健服务；成立中药材购买基地，方便国际游客购买。

空港国际护理培训基地。培育具有多元化技能的护士，尤其是对多种语言的培训，以及各国生活习惯、历史文化的培训。

中国特色保健中心。针对我国特有的文化，赋予更多的中国养生保健特色。例如，中国特色针灸体验馆，可以配有与中国针灸发展相关的展览；室内温泉，可以配有中医的学问。提供相关配套实施，如保健中心的餐饮，可以将中国的养生学问融入特色餐饮中。

● 发展措施

第一，制定相关优惠政策，构建完善的医疗体系。由顺义区政府牵头，制定相关的优惠政策，如对于土地开发、医院建设等，给予一定的政策支持，吸引相关的投资方进行投资，共同商议制定完善的医疗体系。

第二，搭建合作平台，吸引权威的专业人才。权威医疗人才，是保障医疗质量的关键因素之一；经验丰富的管理人才，是医院得以高效运行的重要因素之一。因此，通过个人所得税奖励、薪酬补贴、提供出国培训机会等政策，吸引相关专业人才。尤其是对出国在外的中国优秀专业人才，政府要构建有效平台，将相关人员吸引回国。

第三，完善配套设施，营造优美的医疗旅游环境。充分利用顺义区的自然、区位等优势，从医疗旅游者的需求角度出发，完善配套设施，营造优美的医疗旅游环境，如构建以首都国际机场为核心的综合交通体系、搭建绿色主题公园等户外休闲场所、建立现代娱乐休闲场所等。

4.4.3　推动生活性服务业高端化、规范化、多元化发展

综合考虑顺义空港城人口消费层次、区域划分以及人群流通性等要素，将区域人口分为机场旅客、机场工作人员、市区居民、村镇居民、外来人口五个群体，其中机场旅客、机场工作人员的消费

能力最强，市区居民居其次，最后是村镇居民和外来务工人员。因此，应将机场旅客、机场工作人员和市区居民归类为高端消费群体，作为重点分析对象，重点发展适合这类人群消费的生活性服务业。

这就需要依托首都国际机场的客流量，以首都空港门户形象为先导，以高端化、规范化、多元化为标准，重点发展高端生活性服务业，打造集住宿、餐饮、休闲娱乐、饮食零售服务于一体的功能完善、环境优美的高端生活娱乐服务中心，同时发展具有当地特色的餐饮品牌连锁店、品牌经济型酒店和酒店式公寓，最终成为顺义区服务业的核心，从而带动经济转型升级和区域经济竞争力提升。

● 具体发展领域

高端生活娱乐服务中心。顺义区高端消费群体的主要消费需求为饮食、娱乐和住宿，因此需重点发展的产业为酒店、餐饮、休闲娱乐等生活性服务业，而将这些功能集于一体的高端生活娱乐服务中心将成为重点发展对象，能同时满足高端消费群体的不同需求。

具有当地特色的餐饮品牌连锁店。由于顺义区还有大量消费层次居中的人群，单纯发展高端生活性服务业并不能满足其消费需求，因此针对这个消费群体，需要发展消费能力居中的生活性服务业。发展具有顺义区地方特色的餐饮品牌连锁店，充分利用当地的特色农产品，如双河果园"鑫双河"红灯樱桃、"九间棚牌"黄金梨、"口头福牌"红提葡萄、"顺川"牌河蟹、北京种鸭、燕京啤酒等产品，将当地农产品和餐饮连锁相结合，形成连锁经营模式，实现生活性服务业的规范化。

品牌经济型酒店和酒店式公寓。以服务首都国际机场旅客为切入点，挖掘航空旅客对机场周边配套服务的需求，延伸航空旅客服务链条，引入品牌经济型酒店，满足普通旅客的需求。发展公寓式酒店，服务机场、航空公司及周边园区中高层次人群在机场周边住宿的需求。争取到2020年，引入3家以上品牌经济型酒店，满足首都国际机场中转旅客的住宿需求；建立2~3个酒店式公寓，提供超过1000套公寓单位，酒店式公寓的短期目标租赁客户主要是机场周边地区外派商务办公人员或公司短期培训人员。

● 发展措施

第一，制定优惠政策，拓宽企业融资渠道。对与顺义区人民群众生活关系密切、微利性的生活性服务业给予政策扶持。建立生活性服务业发展专项财政资金，支持保障各种人群基本生活消费的商业设施建设，对具有优势的、规范化发展的企业给予政策支持，扶持企业发展。顺义区农产品丰富，因此要充分利用当地的特色农产品，对农业产业化龙头企业、连锁经营企业探索实行仓单质押、商标权质押贷款等方式给予信贷支持。

第二，引进开发服务业产业人才，完善人才中介机构。引进具有先进技术、管理经验的高素质服务业产业人才，对符合要求的骨干、紧缺人才给予个人所得税奖励、薪酬补贴、培训补贴，优先租赁优租房等政策；编制高端服务业产业人才规划，建立人才资源库。充分发挥高等院校、职业学校及有关社会机构的作用，开设餐饮、住宿、家政、美容美发、洗浴等服务专业课程，对进市区打工的村镇居民进行服务业培养，提升顺义区的整体人口素质。同时，要推进国际交流与合作，抓紧培训一批适应市场需求的专业服务人员，扶持一批讲规范、重信誉和有品牌知名度的人才服务机构。

第三，以机场为中心，形成生活性服务业的环形布局。以机场为中心，将具有当地特色的餐饮品牌连锁店、品牌经济型酒店、酒店式公寓形成环形分布，连通机场和会展中心，形成生活性服务业体系，实现集成化，从而更好地服务于中高端消费群体。同时，将这些生活性服务业与当地的商务办公相结合，不仅能够保持客流，促进当地的生活消费，而且能够为商务办公人群提供住宿、餐饮、娱乐服务。

4.4.4　完善与升级社会公共服务业

以建设科教新城引领区、公共医疗综合体、空港文体娱乐圈、城乡就业吸纳器为目标，将北京市顺义空港城打造成为宜居田园空港城。通过图4-7所示的"两升级、两完善"工程，让顺义社会服务业工程彰显人民生活水平质的提高，使其成为北京社会民生工程的又一亮点。

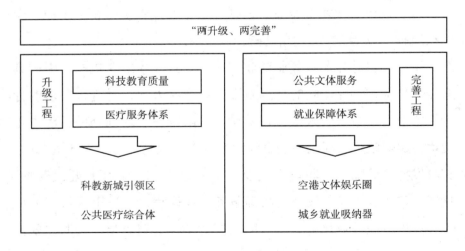

图4-10　社会公共服务业发展体系

（1）科教服务：科技教育质量升级工程

一是建立知识创新工程，提升科研水平。在顺义建立以科学研

究为先导的知识创新工程，其核心是建立产业孵化中心，具体实施
步骤见图4－11和表4－9。

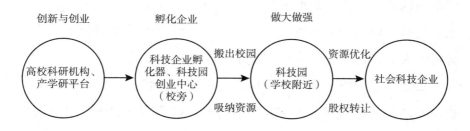

图4－11 知识创新工程建设进程

表4－9 知识创新工程建设实体建议

项目	建议
科研集聚区	从培养高层次创新人才和开发高科技项目出发,创办高校、科研院所、科研机构等科研集聚区
科技创新展馆	依托科研集聚区和机场、航空公司等相关资源,建立科技成果展示平台,向参观者展示研发出的最新成果
艺术乌托邦	集聚设计、出版、展示、演出、艺术家工作室等文化行业,也包括精品家居、时装、酒吧、餐饮等服务性行业
科技园	依托相关科研力量,发展科技园,成为由科研走向产业化的转化器

　　首先，在此区域建立高校、科研院所和科研机构等科研集聚区，会集科技人员、研究人员，依靠研究机构的人才和科研设备，提供创新原动力，创造科研新成果。其次，在科研集聚区周边建立科技创新展馆和艺术乌托邦，主要依托科研机构的智力资源，为这些知识型机构提供科研新成果，供机场旅客及周边居民第一时间体验科研最新成果，同时也对这些科研和艺术成果在向社会进行产业化推行之前做间接测评。再次，在这些展馆外围建设产业融合区，

介于科研成果与产业化之间，属于襁褓期，也是科研成果能否量产的关键所在。在这个区域主要针对科研成果进行量产前的技术测评和市场调研等方面的前期工作，并最终决定这个科研成果能否产业化。最后，对科研成果进行量产，主要从资源优化和股权转让等市场角度入手，使其能够进行大量生产，并推向社会。

二是引进市级中学分校，提升基础教育质量。随着临空经济区的发展，顺义区中产阶级家庭不断增多，这些家庭的子女对基础教育的需求与供应的矛盾不断凸显。

首先，应针对这部分高端人才，集中力量解决子女求学问题。具体办法是，引进一所市级分校，提升教师质量。同时，引进一所国际双语幼儿园，满足各类人口、各类人群的不同教育需求。其次，应通过多种形式，如利用民间资本、同国内外教育集团合作等，建立各种高质量的特长培训机构，如覆盖从幼儿园到高中的双语学校，使教育同国际接轨；提供音乐、美术等特长教育和兴趣教育的特色培训班，以满足这部分居民的子女教育需求。积极探索多种所有制办学模式，鼓励和扶持社会力量办学。真正使私人办学成为国家办学的有益补充。

三是建立公共技能培训中心，实现充分就业。依托现有的职业技术教育资源，结合企业的运营需求，大力发展具有临空指向性的职业技术教育，建立公共技能培训中心，由培训机构提供以季度或年度为周期的免费公共技能培训。

首先，应结合区域的产业特征，重点开展职业技能培训，如航空类、物流、会展职业技术培训等，以满足地区对临空产业人才的需求；其次，进行农转非就业技能培训，如汽车维修、物流操作工、酒店服务、餐厅厨师等；最后，开展再就业培训，为失业人员提供免费的再就业技能培训。

（2）医疗服务：医疗服务体系升级工程

一是引进一家三级甲等医院分院，提高医疗服务水平。优化医疗卫生资源配置，完善社区卫生服务网络，针对顺义区空港高端人才的需求，提高公共卫生和医疗服务水平。引进一家类似北京协和医院的三级甲等医院分院，提升顺义区整体医疗服务水平。健全包括综合医院、专科医院、诊所、卫生站等在内的公共医疗系统。

二是大力发展中医服务，实现全面协调发展。巩固顺义区全国中医药工作先进区的成果，全面贯彻"中西医并重"的方针，大力发展中医药事业，为顺义区人民提供具有中医特色的、完善有效的医疗保健服务。保护和合理配置中医药资源。搜集和挖掘民族和民间的中医药资源，坚持"不求所有，但求我用"的方针，广纳贤才，光大中医。同时，为中医医疗旅游提供基础服务，实现中医公共与盈利协同发展。

三是打造城乡公共医疗卫生服务体系。建设覆盖区域医疗卫生机构的卫生信息平台，实现全区医疗卫生和公共卫生服务、监督与管理信息一体化；加强院前急救、疾病预防控制、卫生监督执法、妇幼卫生、精神卫生、突发公共卫生事件应急、卫技人员培养引进等体系建设；完善农村居民医疗保障体系，简化报销程序，全面推广住院即时结报，探索实施门诊即时结报。

（3）文体服务：公共文体服务完善工程

一是建设多元化文化娱乐设施。本着不仅要满足当地人的物质文化需要，而且要满足空港外来工作高端人员需求的原则，建设多元化文化娱乐设施，以丰富区域工作人员的业余生活，满足不同层次人群对文化的需求。建议从以下几点加以完善：其一是要注重对地方文化的挖掘、整理和保护性利用，充分展现北京世界空港城特有的临空产业文化，如临空产业文化展示馆；其二是建成区要结合实际情况设置小区文化站、社区文化中心等，在布局上应充分结合中心绿地或社区广场布置，以利于社区开展多种多样的文化活动；其三是要建设大剧院、博物馆、音乐厅、图书馆、展览厅、文化艺术中心等公共文化娱乐设施；其四是要加强文化功能区开发建设，建成市民文化广场、青少年宫、异国文化交流中心。

二是建设便民公共体育休闲设施。首先，要以"布局合理、方便群众"的宗旨，结合不同区域市民的出行路线，制定区内体育休闲设施建设的详细规划。其次，要本着"长期与近期兼顾，高层次与大众化结合"的原则，结合大型活动、赛事的举办，建设一批有国际影响力的体育、休闲方面的公共服务设施。

（4）就业服务：就业保障体系完善工程

以创建"充分就业区"为契机，进一步完善城乡统筹的就业格局，切实缓解就业结构性矛盾，促进城乡劳动者由充分就业向选择就业转变，不断提高就业服务水平和劳动就业质量。

一是建立就业信息平台，保障三个群体就业。建立顺义区就业信息平台，建立求职人员信息库。最大限度地减少摩擦性失业，提高就业及再就业速度。突出抓好三个群体就业。重点抓好农村转移劳动力、新生劳动力和就业困难人员就业。加快农村劳动力转移就业，推动农村劳动力与第二、第三产业就业岗位的有效对接。积极推动高校毕业生就业，深入落实促进毕业生的各项就业政策，健全毕业生供求信息采集和发布制度，通过加大大中型企业岗位开发力度、鼓励毕业生到中小企业和非公有制企业就业、大力推进高校毕业生到城乡基层就业等方式实现多形式就业。加大就业困难人员的就业帮扶力度，大力开发适合困难人员的公益性就业岗位，全面落实各项补贴政策。

二是组建全国大学生空港就业实习基地。建议由顺义区政府牵头，与首都国际机场、驻场航空公司、临空经济区企业签署战略合作协议，建立全国大学生空港就业实习基地。为有志从事民航事业的大学生提供就业学习机会，也为顺义区企业提供发现人才、留住人才的渠道。以服务顺义籍大学生为主，同时通过顺义区政府派出机构建立实习基地管理委员会作为联系中介。大学生通过网络投递方式将自己的实习意愿投递给大学生空港就业实习基地，实习基地为大学生推荐并联系实习单位。这样不仅为大学生实习提供了一个路径，而且能够提升公众对顺义空港品牌的认知度。组建全国大学生空港就业实习基地，是一项利民惠己的民生工程。

4.5 结论与展望

本章以顺义空港城现代服务业发展为研究对象，以服务业发展融合理论、服务创新理论等为理论依据，综合运用定性分析、定量分析、案例分析等方法，全面系统地分析了目前顺义空港城现代服务业发展所面临的环境，及其自身发展所具有的优势、劣势、机遇和挑战，提出了顺义空港城现代服务业发展的对策建议。

顺义空港城应依托首都国际机场的航空资源，发展成为以现代服务业为主导，以航空港为枢纽的世界城市国际交往中心，以航空运输服务和航空物流业为基础的国际枢纽型空港物流基地，以总部经济、高科技服务业和会展业为主导的北京东北部生产性服务业中心，以商务旅游、高端商贸、汽车高端服务和金融咨询等为基础的生活性服务业都市区，以创新城市管理、高城镇化质量和社会事业全面发展的和谐生态商务型城镇，最终将顺义区打造成为国家级临空型现代服务业发展示范区。

本章还对各大空港城的现代服务业产业结构进行了系统的研究，对顺义空港城的发展有一定的借鉴意义和参考意义。

5
京津冀地区金融发展与产业升级研究

5.1 引言

　　京津冀地区位于我国环渤海的心脏地带，包括北京、天津以及河北的 11 个地级市，是我国北方经济规模最大、最具有活力的地区。2014 年 2 月 25 日，习近平总书记在北京主持召开座谈会，专题听取京津冀协同发展工作汇报，并表示将京津冀协同发展提升至重大国家战略，要打破"一亩三分地"的思维定式，加快走出一条科学持续的协同发展路子，京津冀协同发展随之再度得到各方强烈关注。随后，京津冀区域协同发展写入政府工作报告，京津冀协同发展将进一步提速。2015 年 4 月 30 日，中共中央政治局召开会议，审议通过了《京津冀协同发展规划纲要》，会议强调要坚持协同发展，构建京津冀协同发展的体制机制（见表 5 - 1）。

　　京津冀地区具有优越的自然地理条件和雄厚的经济基础，在我国整体经济社会发展过程中扮演重要的战略角色。国家统计局数据显示，2014 年，京津冀地区 GDP 约占全国 GDP 的 10.45%，金融业增加值占 GDP 的比重为 9.2%，高于全国平均水平 1.9 个百分点。随着京津冀地区经济的快速增长，该地区三大产业的产值也实

表 5 – 1　京津冀协同发展政策历程

阶段	时间	政策发展情况
意向合作阶段	1981 年	华北地区成立了全国最早的区域协作组织——华北地区经济技术合作协会
	1986 年	在环渤海地区市长联席会上,河北省委、省政府提出"依托京津、服务京津、共同发展"的思想
缓慢推进阶段	1996 年	北京市组织编写《北京市经济发展战略研究报告》,提出"首都经济圈"概念
	2004 年 2 月	国家发改委召集京津冀发改部门在廊坊召开京津冀经济发展战略研讨会,达成"廊坊共识"
	2004 年 6 月	国家发改委、商务部以及京、津、冀、晋等 7 省市领导达成《环渤海区域合作框架协议》
	2004 年 11 月	国家发改委正式启动京津冀都市圈区域规划的编制工作
	2007 年 2 月	京津冀 13 个城市联合发布商业发展报告,首次打破行政区划界限,提出商业合作发展思路
	2008 年 2 月	第一次京津冀发改委区域工作联席会议在天津召开,京津冀发改委共同签署《建立"促进京津冀都市圈发展协调沟通机制"的意见》
	2010 年 8 月	《京津冀都市圈区域规划》上报国务院
	2011 年 3 月	国家"十二五"规划纲要提出"打造首都经济圈"
全面启动阶段	2014 年 2 月	习近平总书记在北京主持召开座谈会,专题听取京津冀协同发展工作汇报
	2014 年 3 月	《国家新型城镇化规划（2014～2020 年）》中三次提到"京津冀"城市群
	2015 年 3 月	将"京津冀协同发展"纳入政府工作报告

资料来源：根据《京津冀区域发展报告（2014）》整理得到。

现快速增长。2014 年，京津冀地区三次产业产值占 GDP 的比重分别为 5.73%、41.05%、53.22%。京津冀地区产业结构的快速升级和金融发展齐头并进，但由于资源供给与需求在空间分布上存在差异性等多种原因，京津冀地区金融发展和产业结构都存在明显差异，因此，在探索京津冀协同发展的背景下，如何实现产业结构与金融结构协调升级值得深入思考。

第一，金融是现代经济的核心，区域金融发展失衡，必然会加剧区域经济的失衡。改革开放以来，虽然北京、天津、河北的金融资产、金融结构和金融效率都得到了长足的发展和提升，但是该地区金融发展不平衡的现象依然严重，各城市之间、城镇与农村之间在金融资产总量、金融结构、金融开放和金融效率等方面的差距依然巨大，要实现京津冀协同发展，绝不能忽视该地区金融发展的差异问题。

第二，区域产业结构是一个地区的资源禀赋与现实经济实力的纽带。京津冀地区协同发展趋势下，京津冀地区各省市之间的联系越发紧密，可以从政策层面促进京津冀地区协同发展从而促进产业结构升级。然而，京津冀地区资源禀赋的差异以及经济增长方式的不同，使各省市的工业化进程呈现迥然不同的态势。如何处理好发展同质化的问题，形成产业链分工，避免重复发展，使有限的资源在不同行业得到合理的配置，加快区域产业结构优化调整，是协同发展不可忽视的重要问题。

第三，金融作为现代经济的核心，在资金流通的过程中充当中介的角色。产业结构的调整离不开金融的支持，而产业结构的变化，在传统产业升级改造的同时能够促进新兴产业的蓬勃发展，这势必对金融发展提出了新的要求。金融发展只有在与产业结构相互匹配的情况下，经济发展才能最优，金融发展水平才能提升，产业结构升级才能明显。京津冀地区金融结构与产业结构变动之间存在什么关系、产业升级是否对金融发展产生影响、如何通过金融发展促进该地区产业结构优化升级是协同发展中的热点问题。

在京津冀协同发展背景下，区域金融发展必须服务于区域经济协调发展的需要，区域金融发展也将成为推动京津冀地区产业转移和产业升级的关键因素。因此，本章着重分析京津冀地区金融发展的现状与问题，探究区域金融发展与产业结构升级之间的关系以及区域金融发展如何与产业结构升级协调发展。

5.2　京津冀区域金融发展现状

随着金融体系的功能不断完善和优化，京津冀区域金融在经济运行中发挥着越来越重要的作用，主要表现为金融资产总量的增加、金融结构的优化和金融效率的提升。

5.2.1　京津冀区域金融规模

京津冀地区金融发展在全国占据重要地位。国家统计局数据显示，2014 年京津冀地区金融业增加值为 6127.57 亿元，占 GDP 的比重为 9.2%，高于全国平均水平 1.9 个百分点。其中，北京、天津、河北的金融业增加值占 GDP 的比重分别为 15.7%、9.0%、4.6%，北京分别比天津、河北高出 6.7 个和 11.1 个百分点，天津比河北高出 4.4 个百分点。从 2014 年的数据来看，北京、天津的金融业增加值占 GDP 的比重都超过了 8%，根据国际经验，可以认为该地区金融业发展达到了较高水平，金融业已经成为这两个地区的支柱产业。

（1）经济货币化程度逐年增高

改革开放以来，京津冀地区金融机构的存款余额和贷款余额都

呈现不断增加的趋势。其中，在存款余额方面，1993 年仅为
3224.38 亿元，2010 年突破了 10 万亿元大关，2014 年达到
170420.77 亿元。在贷款余额方面，1993 年为 2841.99 亿元，2014
年达到 96483.08 亿元。1993 年京津冀地区的金融资产总额（存款
总额与贷款总额之和）仅为 6066.38 亿元，GDP 为 3115.99 亿元；
而 2014 年金融资产总额为 266903.85 亿元，GDP 为 66478.91 亿
元，该地区的金融资产总额是 GDP 的 4.0 倍。事实上，到 2014
年，京津冀地区金融资产总额是 1993 年的 44.0 倍，GDP 是 1993
年的 21.3 倍，由此可以看出，1993～2014 年，京津冀地区的经济
得到了巨大的发展，该地区金融资产的增长速度快于 GDP 的增长
速度。改革开放以来，全国的金融资产规模快速扩大，金融相关率
（Financial Interrelations Ratio，FIR）从 1993 年的 0.98 增长到 2014
年的 1.93，而京津冀地区的 FIR 则从 1993 年的 0.50 增长到 2014
年的 4.01，增速远高于全国平均水平（见表 5－2）。

表 5－2 1993～2014 年京津冀地区与全国金融发展指标测算值

年份	京津冀地区			全国		
	金融资产 （亿元）	GDP （亿元）	FIR	金融资产 （亿元）	GDP （亿元）	FIR
1993	6066.38	3115.99	0.50	34879.80	35524.30	0.98
1994	8325.60	4065.69	0.50	46923.50	48459.60	0.97
1995	10773.02	5289.18	2.04	60750.50	61129.80	0.99
1996	13272.17	6364.10	2.09	76094.90	71572.30	1.06
1997	16049.80	7295.50	2.20	90995.30	79429.50	1.15
1998	19307.68	8007.79	2.41	104498.50	84883.70	1.23
1999	22504.64	8693.96	2.59	119897.90	90187.70	1.33

年份	京津冀地区			全国		
	金融资产 （亿元）	GDP （亿元）	FIR	金融资产 （亿元）	GDP （亿元）	FIR
2000	28792.98	9907.50	2.91	134610.30	99776.30	1.35
2001	33596.45	11143.81	3.01	158301.90	110270.40	1.44
2002	40711.57	12484.04	3.26	185006.97	121002.00	1.53
2003	49121.30	14506.53	3.39	221222.80	136564.60	1.62
2004	61350.05	17621.81	3.48	254107.00	160714.40	1.58
2005	71659.28	20887.27	3.43	298755.70	185895.80	1.61
2006	83635.63	24048.12	3.48	345577.90	217656.60	1.59
2007	94486.50	28706.89	3.29	403442.21	268019.40	1.51
2008	111143.33	33845.98	3.28	475166.60	316751.70	1.50
2009	147692.06	36910.36	4.00	610224.50	345629.20	1.77
2010	174173.18	43732.30	3.98	725851.80	408903.00	1.78
2011	194809.86	52074.97	3.74	851590.90	484123.50	1.76
2012	220669.70	57348.29	3.85	974148.80	534123.00	1.82
2013	242441.77	62685.77	3.87	1106524.98	588018.80	1.88
2014	266903.85	66478.91	4.01	1228374.81	635910.00	1.93

注：FIR = 金融资产/GDP，能够直观地计量金融发展的状况，反映金融资产内部结构所发生的重大变化。为简化计算，金融资产 = 存款总额 + 贷款总额。

资料来源：国家统计局。

（2）金融规模存在梯度差落

国家统计局数据显示，2014 年京津冀地区金融业增加值为 6127.57 亿元。其中，北京、天津、河北的金融业增加值分别为 3357.71 亿元、1422.28 亿元、1347.58 亿元，占该地区金融业增加值的比重分别为 54.8%、23.2%、22.0%。北京金融业增加值达到京津冀地区的一半以上，分别是天津、河北的 2.36 倍、2.49 倍。河北金融业增加值不仅远低于北京，而且仅为天津市的 0.95 倍。同时，中国人民银行数据显示，2014 年，北京、天津、河北

的社会融资规模分别约为 12877 亿元、4819 亿元、5177 亿元，三
地区社会融资规模占 GDP 的比重分别为 60.4%、30.6%、17.6%。
由此也能看出，北京无论是社会融资规模还是社会融资规模占
GDP 的比重均远远高于天津和河北两地，甚至高于两地总和，河
北金融业对经济的渗透和支持能力远远低于北京和天津两地。从金
融相关率来看，2014 年北京的金融相关率为 7.21，远远大于天津
的 3.00 和河北的 2.24（见表 5 - 3），这也说明北京金融发展水平
在京津冀地区遥遥领先。由于各地区 GDP 差距相对较小，FIR 的
显著差异主要归结于金融资产规模差异，从表 5 - 3 可以看出北京
的金融资产规模远远大于天津和河北。

表 5 - 3 1993 ~ 2014 年京津冀各地区金融发展指标测算值

年份	北京			天津			河北		
	金融资产（亿元）	GDP（亿元）	FIR	金融资产（亿元）	GDP（亿元）	FIR	金融资产（亿元）	GDP（亿元）	FIR
1993	3001.1	886.21	3.39	1354.69	538.94	2.51	1710.52	1690.84	1.01
1994	4106.3	1145.3	3.59	1727.61	732.89	2.36	2491.69	2187.49	1.14
1995	5306.2	1507.6	3.52	2193.92	931.97	2.35	3272.86	2849.52	1.15
1996	6461.7	1789.2	3.61	2756.44	1121.93	2.46	4054.03	3452.97	1.17
1997	7948.6	2077.0	3.83	3137.86	1264.63	2.48	4963.26	3953.78	1.26
1998	9993.4	2377.1	4.20	3489.96	1374.60	2.54	5824.31	4256.01	1.37
1999	12274.9	2678.8	4.58	3885.28	1500.95	2.59	6344.44	4514.19	1.41
2000	17933.9	3161.6	5.67	4145.15	1701.88	2.44	6713.93	5043.96	1.33
2001	21721.4	3707.9	5.86	4722.41	1919.09	2.46	7152.64	5516.76	1.30
2002	27142.7	4315.0	6.29	5537.30	2150.76	2.57	8031.57	6018.28	1.33
2003	32533.7	5007.2	6.50	7459.53	2578.03	2.89	9128.07	6921.29	1.32
2004	37359.0	6033.2	6.19	8588.87	3110.97	2.76	15402.18	8477.63	1.82
2005	44305.4	6969.5	6.36	10173.72	3905.64	2.60	17180.16	10012.11	1.72
2006	51924.9	8117.7	6.40	11747.23	4462.74	2.63	19963.50	11467.60	1.74

年份	北京			天津			河北		
	金融资产（亿元）	GDP（亿元）	FIR	金融资产（亿元）	GDP（亿元）	FIR	金融资产（亿元）	GDP（亿元）	FIR
2007	57561.7	9846.8	5.85	14171.38	5252.76	2.70	22753.41	13607.32	1.67
2008	66991.3	11115.0	6.03	16989.65	6719.01	2.53	27162.32	16011.97	1.70
2009	88013.0	12153.0	7.24	24193.88	7521.85	3.22	35485.17	17235.48	2.06
2010	103064.1	14113.5	7.30	29254.26	9224.46	3.17	41854.74	20394.26	2.05
2011	114662.4	16251.9	7.06	32439.68	11307.28	2.87	47707.76	24515.76	1.95
2012	128026.8	17879.4	7.16	37067.74	12893.88	2.87	55575.12	26575.01	2.09
2013	139541.4	19800.8	7.05	42137.90	14442.01	2.92	60762.41	28442.95	2.14
2014	153746.1	21330.8	7.21	47208.05	15726.93	3.00	65949.70	29421.15	2.24

资料来源：国家统计局。

5.2.2 京津冀区域金融结构

目前，虽然京津冀地区仍以银行融资为主，但从区域内部来看，金融结构差距也十分突出。2014 年，北京金融业增加值中银行业、证券业、保险业占比分别为 83.6%、11.5% 和 4.9%；河北金融业增加值中银行业、证券业、保险业占比分别为 92%、2.7% 和 5.4%（李晶玲，2015）。北京金融业的发展水平较高，证券业增加值占比已经超过 10%，证券行业相对较为发达。相比较而言，河北证券业占比低于北京 8.8 个百分点。事实上，北京无论是证券业的金融机构数量还是上市公司的数量、规模都明显高于天津和河北两地。

（1）银行业发展状况

随着经济的发展，京津冀地区的银行业形成了以国有商业银行为主体，股份制商业银行、农村金融机构、城市商业银行、财务公司、信托公司等金融机构并存的金融机构组织体系，共同促进了京津冀地区经济的发展。截至 2014 年底，京津冀地区银行类金融机构网点共有 11692 家，金融法人机构有 203 家，资产总额达到 370764.7 亿元（见表 5 - 4）。从资产总额来看，大型商业银行的资产总额最大，达到 151417.5 亿元，占京津冀地区银行业金融机构总资产的 40.8%。其次是股份制商业银行，资产总额为 89956.7 亿元，占比为 24.3%。随着改革开放程度的逐步深化，近年来金融体系加大了对外开放的力度，该地区引进了许多外资银行。2014 年外资银行的法人机构达到 19 家，资产总额达到 7244.8 亿元，这反映出该地区对外开放程度较高。就从业人数而言，从业人数最多的是大型商业银行，进一步反映出大型商业银行在该地区金融行业中占主导地位，综合实力最强。

表 5 - 4　2014 年京津冀地区银行业基本情况

机构类别	营业网点			法人机构（个）
	机构数量（个）	从业人数（人）	资产总额（亿元）	
大型商业银行	4737	133285	151417.5	0
国家开发银行和政策性银行	47	2357	33573.4	0
股份制商业银行	1915	54436	89956.7	5
城市商业银行	928	27464	41312.5	3
小型农村金融机构	2017	25548	13644.1	4
财务公司	96	3954	17630.2	95
信托公司	8	1381	346.9	8
邮政储蓄银行	1546	7972	5512.6	0
外资银行	284	18069	7244.8	19
新型农村金融机构	73	2163	491.7	38
其他	41	8598	9632.3	31
合　计	11692	285227	370762.7	203

资料来源：根据《2014 年北京市金融运行报告》《2014 年天津市金融运行报告》《2014 年河北省金融运行报告》整理得到。

（2）证券业发展状况

近年来，我国经济实现快速发展，经济结构不断调整，资本市场发展迅速，随之证券业也得到了很大的发展。截至 2014 年底，总部设在京津冀地区的证券公司、基金公司、期货公司分别有 21 家、24 家、27 家，其中证券公司占全国（110 家）的 19.1%。该地区共有上市公司 327 家，占全国（2800 家）的 11.7%（见表 5 - 5）。

表 5 - 5　2014 年京津冀地区证券业基本情况

项目	数量	项目	数量
总部设在辖内的证券公司数(家)	21	当年发行 H 股筹资额(亿元)	13.5
总部设在辖内的基金公司数(家)	24	当年国内债券筹资额(亿元)	25327.4
总部设在辖内的期货公司数(家)	27	其中:短期融资券筹资额(亿元)	17969
年末国内上市公司数(家)	327	中期票据筹资额(亿元)	6206.4
当年国内股票(A 股)筹资额(亿元)	1623.3		

注：当年国内股票（A 股）筹资额是指非金融企业境内股票融资。
资料来源：中国人民银行、中国证监局。

2014 年，京津冀地区整体证券化率为 248.7%。分地区看，北京的证券化率为 716.2%，天津的证券化率为 39.8%，河北的证券化率为 21.3%（李晶玲，2015）。京津冀地区整体证券化水平较高，这主要得益于北京地区高证券化率的拉升作用，天津和河北的证券化率均在 40% 以下（全国的证券化率平均为 66.8%），仅为该地区平均水平的 16%，约是北京的 5.6%。就北京而言，证券业改革稳步推进，"新三板"对于纾解中小企业融资难问题发挥了积极作用。根据《2014 年北京市金融运行报告》，辖内证券公司资产同比增长超过 80%，净资本同比增长超过 20%，净利润总额同比增长 1 倍。北京地区共有国内上市公司 235 家、境外上市公司 215 家。全年境内非金融企业资本市场融资规模合计超过 7000 亿元。"新三板"面向全国运行仅一年就新增挂牌公司 1276 家，覆盖 30 个省、市、自治区。2014 年，新设北京邮票交易中心、北京铁矿石交易中心和北京文化产权交易中心 3 家交易场所。2014 年末，全市 40 余家交易所完成交易额同比增长 61.5%。

（3）保险业发展状况

随着保险业在全国的较快发展，京津冀地区保险业也得到了较好的发展。2014 年，在京津冀地区经营业务的保险总公司和分公司多达 274 家，其中财产保险公司 119 家，人身保险公司 132 家（见表 5 - 6）。保险密度和保险深度较 2013 年有较大的增长，该地区保险业经营持续向好。

表 5 - 6　2014 年京津冀地区保险业基本情况

项目	数量	项目	数量
总部设在辖内的保险公司数（家）	68	保费收入（中外资,亿元）	2456.7
其中:财产险经营主体（家）	32	其中:财产险保费收入（中外资,亿元）	780.6
人身险经营主体（家）	17	人身险保费收入（中外资,亿元）	1677.1
保险公司分支机构（家）	206	各类赔款给付（中外资,亿元）	906.4
其中:财产险公司分支机构（家）	87	保险密度（元/人）	1002.27
人身险公司分支机构（家）	115	保险深度（%）	1.24

资料来源：中国保监局。

分地区来看，京津冀地区保险业也存在梯度差距，北京的优势仍然较为明显。根据《2014 年北京市金融运行报告》，2014 年末，在京经营业务的保险总公司和分公司达 104 家，其中财产险公司

43 家、人身险公司 56 家、再保险公司 4 家、政策性保险公司 1 家。在京保险公司总资产较上年末增长 19.8%，实现原保险保费收入 1207.2 亿元，同比增长 21.4%。2014 年，北京市保险业保险深度为 5.7%，同比提高 0.6 个百分点；保险密度为 5659.3 元/人，同比上升 905.8 元/人。北京保险业在经济发展中所起的作用越来越重要，天津和河北地区的保险业在经济发展中的作用还没有充分发挥。

5.2.3　京津冀区域金融效率

从存贷差来看，从 1993 年以来，各地的存贷差持续增长，而存贷比存在较大波动。京津冀地区的存贷差从 1993 年的 382.39 亿元增长到 2014 年的 73937.69 亿元，是 1993 年的 193.4 倍（见表 5-7）。在存贷比方面，京津冀地区目前的存贷比为 1.7 左右，自 2009 年以来，存贷比有所下降，但近两年又出现略微上涨趋势。存贷差和存贷比过高说明京津冀地区金融系统的存款利用受到了一定的限制，资金浪费现象比较严重，同时也说明该地区金融机构的信贷资金使用效率不高，金融没有充分发挥引导资源配置、支持经济发展的作用。从地区来看，北京的存贷差规模最大，天津的存贷差规模最小。2014 年，北京的存贷差规模约为河北的 2 倍、天津的 10 倍。然而，天津的存贷比最低，目前为 1.2 左右，北京的存贷比最高，但 2014 年河北的存贷比出现较大幅度的上涨，高于北京和天津两地。目前，许多金融机构总部位于北京，优质企业较为集中，企业资金需求较为稳定，企业经营管理水平相对较高，有利于存款规模稳步扩大和贷款的安全。天津经济增长迅速，资金需求高，面临吸引存款的压力，需要拓展新的融资渠道。河北相比而言存款增速较快，贷款增速相对缓慢，信贷资金有效需求有待加强，对新兴产业、中小企业等的资金支持存在不足。总体来看，北京总部金融效应吸引了大量的存款，但是没有高效率地转化为实体经济吸收利用的贷款，存在大量的闲置，无法有效推动周边地区经济的发展。

表5-7 京津冀各地区存贷比、存贷差指标

年份	北京		天津		河北		京津冀地区	
	存贷差（亿元）	存贷比	存贷差（亿元）	存贷比	存贷差（亿元）	存贷比	存贷差（亿元）	存贷比
1993	744.94	1.66	-182.45	0.76	-180.10	0.81	382.39	1.13
1994	1248.39	1.87	-126.49	0.86	-31.83	0.97	1090.07	1.30
1995	1748.14	1.98	-33.98	0.97	116.44	1.07	1830.60	1.41
1996	2296.05	2.10	41.68	1.03	264.71	1.14	2602.44	1.49
1997	2507.32	1.92	132.04	1.09	218.96	1.09	2858.32	1.43
1998	3340.27	2.00	231.72	1.14	235.91	1.08	3807.90	1.49
1999	4259.40	2.06	234.76	1.13	267.80	1.09	4761.96	1.54
2000	5118.10	1.80	417.95	1.22	847.55	1.29	6383.60	1.57
2001	6497.00	1.85	402.69	1.19	954.86	1.31	7854.55	1.61
2002	7734.10	1.80	499.22	1.20	1055.21	1.30	9288.53	1.59
2003	8418.30	1.70	607.49	1.18	1418.63	1.37	10444.42	1.54
2004	10203.60	1.75	911.69	1.24	3097.70	1.50	14212.99	1.60
2005	13634.40	1.89	1258.46	1.28	4349.70	1.68	19242.56	1.73
2006	15661.72	1.86	1381.71	1.27	5139.74	1.69	22183.17	1.72
2007	17838.80	1.90	1689.24	1.27	5957.77	1.71	25485.81	1.74
2008	20970.04	1.91	2223.07	1.30	8255.72	1.87	31448.83	1.79
2009	25907.23	1.83	2903.24	1.27	9237.57	1.70	38048.04	1.69
2010	30105.01	1.83	3031.12	1.23	10343.26	1.66	43479.39	1.67
2011	35341.41	1.89	1955.34	1.13	11419.78	1.63	48716.53	1.67
2012	41647.78	1.96	2283.62	1.13	12939.20	1.61	56870.60	1.69
2013	43779.61	1.91	3231.28	1.17	18126.49	1.85	65137.38	1.73
2014	46444.98	1.87	4178.93	1.19	23313.78	2.09	73937.69	1.77

资料来源：国家统计局。

5.3 京津冀区域金融发展的问题及成因

5.3.1 京津冀区域金融发展的主要问题

近年来，京津冀区域金融保持快速发展的态势，对区域经济发展和产业结构调整的作用日益增强，然而京津冀三地金融发展存在巨大差距，区域金融发展的非均衡性已经成为制约经济发展的重要因素，并对京津冀协同发展提出了严峻的挑战。

（1）金融发展不平衡，区域联动效应有待提升

京津冀地区金融资源集中在具有政治地域优势的北京，各地区之间缺乏有效的沟通和协调，导致对稀有金融资源的浪费，无序竞争等扰乱金融业发展秩序，不利于区域金融发展。以 FIR 为例，2014 年北京、天津、河北三地的 FIR 分别为 7.21、3.00、2.24，较 2013 年的 7.05、2.92、2.14 有一定程度的提高，但天津和河北两地均低于区域平均水平 4.01。虽然全国及京津冀三地的 FIR 指标均较上年有所提升，但总体来看，天津、河北的金融服务水平仍远低于北京，尤其是河北，较低的金融服务水平对地区经济发展、产业结构调整、承接北京相关产业转移等都形成了制约。北京作为全国的政治、经济、文化、国际交往和科技创新中心，依靠总部效应集聚了全国大量的金融资产，但是金融各子行业单独发展，金融资源的整合与利用效率有待增强，甚至存在资金大量闲置的现象。天津凭借滨海新区，成为国家金融改革和创新实验基地，金融资源得到了快速增长，但是天津与其金融资源直接对接的现实产业不足。北京和天津两大核心城市与河北地区在金融发展上的相互支持

不够，在一定程度上相互脱节，没有较好地发挥金融辐射的功能，缺乏区域联动的诉求，尚未发挥与周边产业联动的效应。

（2）金融结构不合理，金融资源配置效率偏低

伴随着京津冀地区经济的增长和金融功能的逐步提升，京津冀地区金融结构在改善的同时也存在明显的差异性和非均衡性。北京金融业发展水平较高，证券业和保险业相较于天津和河北两地发展较快。但是，京津冀地区银行业仍然居绝对主导地位。根据《2014 年北京市金融运行报告》，2014 年北京地区社会融资规模为12877.2 亿元，其中人民币贷款增加 4844.7 亿元，委托贷款、信托贷款和未贴现银行承兑汇票合计增加 2787 亿元，占地区社会融资规模的 21.6%，比 2013 年下降 3.1 个百分点。北京地区企业债券净融资为 3316.8 亿元，同比减少 931.1 亿元。全年企业股票发行额超过 900 亿元，占地区社会融资规模的比重为 7%，比 2013 年同期高出 5.7 个百分点。同时，京津冀地区的银行效率偏低。国家统计局数据显示，2014 年末，京津冀三地的存贷差分别为46444.98 亿元、4178.93 亿元、23313.78 亿元，京津冀三地的存贷比分别为 1.87、1.19、2.09。相比而言，河北、天津的资金需求旺盛，而北京的金融资源较丰富。但是，一方面，随着银行信贷的快速扩张，信用风险向银行体系过度累积，不利于区域金融的稳定；另一方面，融资创新能力偏低，在承接产业转移时容易受金融环境的约束，对转移企业在当地拓宽融资渠道产生制约，在一定程度上降低了相关企业由北京向河北转移的积极性。

（3）区域信息不对称，金融政策缺乏差异性

在金融市场中，信息资源要素非常重要，信息不对称对于区域金融发展极为不利。目前，京津冀地区异地银企之间存在信息不对

称，这不利于转移企业与金融机构的合作。京津冀地区缺乏统一的信用体系和社会信用奖惩联动机制，导致金融机构事前无法正确评估可能出现的风险，事后又不能及时地追查责任。在京津冀协同发展过程中，势必导致企业由北京向天津、河北等地转移，以及各地区产业结构的调整，这些都离不开金融的支持。尽管各地金融机构积极发展异地融资业务，但由于承接地金融机构与外迁企业的信息不对称，企业融资的连续性受到不同程度的影响，特别是规模小、处于成长初期的一些中小企业。而在区域产业转移和升级过程中也会造成转出地金融机构的优质客户资源丢失，影响金融机构对区域金融合作的积极性。长期以来，受区域金融分割、行政管理分散等因素影响，京津冀三地的金融竞争较为激烈，各地区都想争夺金融主导权和控制权。随着京津冀协同发展的推进，三地已经开始逐步寻求一体化的合作，签署了相关协议，加强区域间的联系，努力消除彼此之间的差距。但是，行政区域壁垒的存在，使各地政府在自身利益的驱动下降低了金融合作的意愿，阻碍了区域金融协同发展的进程。目前，金融服务跨区域便利程度低，支付清算、异地存储、信用担保等业务没有实现同城化便利，跨区金融交易成本高。同时，京津冀三地金融管理部门统筹力度欠缺，各地支持产业转移的金融政策较少，特别是支持产业转移的差异性金融政策配合力度不够。

5.3.2 京津冀区域金融发展问题的成因

（1）区位因素

区位条件是影响经济发展以及产生经济差距的重要因素。作为人类生存和发展的物质基础，自然资源条件对经济的发展至关重要，也影响着人口、城镇和交通运输的空间布局。自然资源条件的差异容易形成不同的经济发展路径，也可能导致产生较为明显的金融生态环境差异。同时，经济地理与文化历史等在一定程度上制约着经济发展方向和变化速度，也是造成各地金融生态环境差异的一个重要因素。虽然，随着科学技术的不断发展，金融发展对自然条件的依赖越来越小，但现实中金融中心大多分布在自然条件较好、交通便利的沿海地区。此外，我国改革开放进程由重点开放发展东部沿海区域，然后逐渐向中西部区域深入，地理区位对市场开放程度也有着很大的影响，进而导致区域金融发展的差异。京津冀地区具有优越的地理条件，北京和天津处于京津冀地区的中心位置，形成了天然的中心辐射区域。但是，资源禀赋的差异影响和决定了区域主导产业的选择方向和分工。汇集了"一行、一局、三会"（央行、外汇管理局和银监会、证监会、保监会）和三家政策性银行以及多家商业银行、邮政储蓄银行的总部，集中了60%的中国银行业务、80%的货币资金调动总量和70%的保险业务。天津作为曾经的北方金融中心城市，依托其邻海优势和国家政策扶持，不断增强对企业的吸引力，目前已成为全国私募基金的集聚地，天津股权交易所、滨海国际股权交易所、排放权交易所等8家创新型交易市场入驻天津。河北的矿产资源丰富，与北京和天津两地相比具有相对优势，但在区域金融发展中，由于河北的优势产业不突出，服务业发展滞后，资金吸引力不强，地方金融机构的竞争力相对较弱，境内外金融机构在河北的网点也较少，尚未与北京和天津形成有效的对接。由于京津冀地区金融发展不平衡，金融资源流动对区域金融发展和区域产业结构升级都有着重要的影响。

金融业作为北京的主导产业，在区域内的发展水平是最高的，但与国际金融中心城市相比仍有较大差距。北京聚集了大量的金融机构，具有丰富的金融资源，有助于自身金融业的发展，但同时受区位等因素的影响，资源没有得到高效的利用，金融服务效率不高，"辐射效应"不足，甚至出现大量资源流向长三角、珠三角等地。天津作为传统的金融城市，试图重塑区域金融中心地位，但其在金融体系、金融发展理念以及金融监管等方面与北京仍存在较大差距。河北作为京津冀区域的重要组成部分，一方面，依托紧邻北京和天津的地缘优势，在承接产业转移中借助金融辐射效应，优化自身产业结构，提高金融发展水平；另一方面，受地域影响，金融吸引力非常差，"扩散效应"不明显。

（2）经济因素

随着经济一体化进程的加快，区域金融发展与区域经济增长之间的关系变得更加密切。区域经济发展水平越高，就越能给区域金融发展提供更好的现实条件和物质基础；反之，区域金融发展程度又制约着区域经济发展水平。从某种意义上说，金融发展可以分为金融资产总量的扩大与金融结构的优化。随着区域经济的高速增长，居民的收入越来越多，对金融市场的需求也不断增大，进而引起金融机构增加、金融服务加强、金融规模扩大。随着区域经济的发展，以及社会技术进步和比较优势的变化，产业结构也在不断发展变化，呈现从低级形态向高级形态升级的过程或趋势。区域经济结构的不断优化必然对金融资源的市场配置产生重要影响，而金融资源市场配置的改变又会影响金融结构的调整。产业组织内部发展均衡、产业结构间比例适当，可以降低金融体系运行的摩擦成本和系统风险，同时，产业结构升级必然伴随着对金融需求的增大，其结果必然导致金融创新，以及金融效率的提高。自我国实行对外开

放以来，京津冀地区经济呈现较快增长态势，京津冀地区经济实力
长足发展。国家统计局数据显示，2014 年京津冀地区 GDP 达到
66478.91 亿元，占全国 GDP 的 10.5%，而人口总数只占全国的
8.1%，人均 GDP 为 58335.2 元，远高于全国平均水平。近年来，
北京、天津的人均 GDP 数值不断接近，差异水平逐年变小，而河
北由于基础较为薄弱，人均 GDP 虽然与北京、天津保持相对一致
的增长速度，但从总量上看，河北与北京、天津存在过高落差。
2014 年北京 GDP 为 21330.83 亿元，天津 GDP 为 15726.93 亿元，
河北 GDP 为 29421.15 亿元。从绝对值看，河北高于北京和天津，
但河北的人均 GDP 只有 35421 元，不仅远远低于北京和天津，而
且低于全国平均水平。北京和天津两地较快发展对河北经济发展的
良好带动作用亟待增强，河北经济发展能力有限，甚至存在大规模
的贫困县市，这也使得京津冀地区整体经济增长水平落后于长三
角、珠三角等经济圈。

同时，京津冀地区处于不同的发展阶段，京津冀三次产业之间
呈现一定的梯度差异。根据国家统计局数据，2014 年北京 GDP 为
21330.83 亿元，其中第一产业产值为 158.99 亿元，第二产业产值
为 4544.80 亿元，第三产业产值为 16627.04 亿元，三次产业结构
为 0.7∶21.3∶77.9。2014 年天津 GDP 为 15726.93 亿元，其中第
一产业产值为 199.90 亿元，第二产业产值为 7731.85 亿元，第三
产业产值为 7795.18 亿元，三次产业结构为 1.3∶49.2∶49.6。2014
年河北 GDP 为 29421.15 亿元，其中第一产业产值为 3447.46 亿
元，第二产业产值为 15012.85 亿元，第三产业产值为 10960.84 亿
元，三次产业结构为 11.7∶51.0∶37.3。在京津冀的经济发展过程
中，区域产业布局缺乏对区域协调发展的战略考虑，导致并未形成

区域间和谐高效的产业布局。受资源流动、行政限制等因素的影响，跨区域协调资源成本较大，区域内产业合作不足。很长一段时期，京津冀各地区处在自我封闭、相互分割、恶性竞争的环境中，京津两地吸附了周边区域内的资金、人才，不仅未发挥良好的经济辐射作用，反而影响了周边地区的经济发展。

（3）政策因素

中国的经济金融制度是整体统一的，但是各地区间有着不同的金融结构。区域金融发展往往受到统一的宏观经济金融调控措施影响，这势必造成区域经济与金融发展的差异。在不同时期，政府会对不同地区有不同的发展政策的偏向性。伴随着改革开放的深入，以及区域间竞争意识的增强，各级地方政府各自为政、设置壁垒、相互竞争。行政规划的束缚在一定程度上限制了地区金融资源的自由流动，市场机制的作用被削弱。地方政府为促进本地经济的快速增长和争取资源，会依靠自己的政治力和经济力寻求经济资源的优惠政策，这不同程度地加剧了金融机构的强度竞争。此外，在各自的行政管理范围内，为留住一些优势产业，当地政府对一些金融机构或企业有一定的优惠措施。金融资源的流动在很大程度上受"市场"和"政府"的引导，在区域金融发展中，政策引导是重要保障之一。政策的外在作用，容易激发区域经济的"扩散效应"。通过优惠政策的吸引力，从外部增强了区域金融合作意愿，有助于区域经济协同发展。同时，由于多地区的参与，地区之间不同的监管方式削弱了金融监管力度，在区域金融发展过程中更要注重金融风险的防范，规避风险的"传导效应"。京津冀协同发展为区域金融发展创造了良好的政策环境。在京津冀区域内，地方政府逐渐打破行政区划的束缚，打破地方保护主义，向优质的企业提供便利，为区域金融合作发展奠定了良好的基础。以天津滨海新区为例，作为国家综合配套改革试验区，天津滨海新区为投资者提供了税收政策、财政政策以及融资政策等诸多优惠政策，吸引了国内外众多大型企业的入驻，特别是对北京的外迁企业具有强烈的吸引力。

但从整体来看，京津冀地区金融资源分布不均，政策壁垒仍然存在，造成金融资本处于割裂状态，导致金融资源配置存在效率降低、结构不合理、周期性风险隐患等问题。地方政府的投融资导向加剧了金融资源流动的不均衡，中小企业融资难问题突出。近年来，金融业政策的趋同性加剧了京津冀三地对金融资源的竞争，地区分治的银行业管理模式严重阻碍了金融资本在京津冀区域内的快速流动，削弱了金融对经济发展的"输血"功能。同时，各地对金融问题的反应速度和惩戒措施不同，缺乏统一的金融监管。

5.4 京津冀区域金融发展与产业升级互动机理分析

5.4.1 金融发展对产业升级的影响机理

产业升级离不开生产要素的投入，而从广义上讲，生产要素包括自然资源、劳动力、技术、资金等。由此可见，产业结构升级离不开资金，离不开金融体系的支持，金融发展是促进产业结构升级的直接推动力。在金融要素的分配过程中，资本市场通过其一级、二级市场分别进行资金的增量调节和存量调节，银行市场通过对生产贷款和消费贷款进行增量调节，引发资金供给和需求的变化，影响资金的流量和流向，从而影响产业结构的调整。

　　一般来看，经济金融化程度越高，金融对产业结构升级的传递效应越强。金融结构变化是区域金融发展的重要方面。融资结构、金融机构结构以及金融市场结构等的变化对区域产业结构升级有着重要的影响。资本市场和货币市场的大小变化直接影响直接融资和间接融资的规模，从而影响资金在各个产业和生产要素之间的配置。在间接融资中，低风险、低收益的大企业更容易得到银行信贷，且信贷成本相对较低，这势必影响资金在各个产业部门之间的分配，从而影响产业结构升级。随着金融市场的完善，直接融资规模逐渐扩大。资本市场为企业发展提供了多种融资方式，推进了企业的产权转换和重组，加快了企业内部的技术改造和产业结构的升级。民间资本在风险性投资项目上具有明显优势，促进了资本市场灵活发展。金融结构的改变对不同行业的影响不同，在产业升级中有着举足轻重的作用。生产要素禀赋和跨区域流动对区域产业调整升级有着重要影响。在现代信用货币制度下，资金的转移相对容易，资金移动速度最快。随着信息及技术的发展，金融集聚过程不仅是区域金融发展的一个重要阶段，而且是金融体系不断完善的一个过程。随着金融集聚程度的加深，集聚效应和扩散效应不断增强，交易费用降低，规模经济效应日益突出，对区域经济发展和产业结构调整产生重要影响。一方面，金融集聚有利于金融机构之间的竞争，拓展融资渠道，开展金融创新，完善金融体系，改变资金增量和存量结构，影响产业生产要素结构配置，优化技术结构变动规模，进而影响产业结构调整。另一方面，金融集聚加速了资本的积累，促进资源流向效率较高的产业部门，优化生产要素及资源的配置，推动主导产业和新兴产业的集聚与整合，对区域产业结构升级产生重大影响。金融集聚通过打破行业的部门、地区限制，加速了产业结构的调整。

金融发展离不开金融创新，金融创新是促进产业结构优化升级的重要环节。从金融业自身发展角度来看，金融创新能够促进金融业劳动生产率的不断提高，加快金融结构的优化，提升区域金融发展水平，从而促进产业结构升级。从需求角度来看，金融创新能够带来知识和科技的进步，以及收入水平的提高，带动生产需求的不断升级，改变产业内部结构，最终导致产业结构升级。从供给角度来看，金融创新产品和金融创新服务能够引导经济不断发展，促进生产要素的合理流动，有助于传统产业向新兴产业转移，实现产业结构优化升级。以资产证券化为例，通过融资证券化，资金短缺者可以通过在金融市场发行证券的方式向资金提供者直接融通资金，通过资产证券化将流动性低但预期能产生稳定现金流的资产，通过风险和收益各要素进行分离和重组，转换为金融市场上可以出售和流通的证券。可见，金融创新的发展使资金融通更加便利，从而有利于产业升级。

5.4.2 产业升级对金融发展的影响机理

产业部门是金融部门得以运行的社会物质基础和条件，金融部门的存在和发展离不开产业部门，金融部门是产业部门发展到一定阶段的必然产物。产业资本发展不断向金融资本渗透，金融资本发展也要寻找产业资本的支持。随着产业结构的不断升级，三次产业所占的比重不断变化，促进了第三产业所对应的金融业不断发展。由于资金在不同产业部门之间的分配，金融结构会随着产业结构的变化而做出调整。随着产业资源在产业间的转移并重新配置，以证券市场为主的直接融资体系在融资结构中的比重不断提高。

随着产业的发展，企业的融资和投资需求不断扩大，规避金融风险的愿望也逐渐增强，对金融服务的要求也越来越高，导致金融机构和金融工具不断创新和改革。企业经营风险的增大对金融风险规避的要求促进了金融衍生工具的发展。从融资角度来看，在产业发展的初期，由于企业规模偏小，对资金要求分散，风险性较高，间接融资通常是企业融资的最佳选择。而随着产业规模的扩大，产业结构由低附加值劳动密集型产业向高附加值技术密集型产业发展，产业资源整合增加，企业并购重组加剧，直接融资提供了更多的资金来源。从风险角度来看，新兴中小企业和高科技企业等高风险行业的不确定性大，商业银行往往在融资方面持有谨慎的保守态度，而新兴的创业板融资市场为资金筹集和风险分散提供了渠道。

产业结构的升级，往往伴随着高新技术产业的发展。随着技术进步和信息技术的发展，金融市场的交易手段更加便捷，削弱了时间和地域的限制，提高了金融市场的交易效率。同时，科技信息技术的进步为金融创新的发展奠定了基础，使金融的手段和方式多样化，金融工具和金融产品的创新日益加快。反过来，金融产品的创新为市场提供了更多的风险分散和金融组合选择，降低了金融成本，从而进一步刺激了金融需求，推动金融结构的升级发展。

此外，一些战略性产业、幼稚性产业和基础性产业在经济发展过程中容易受到市场机制的制约，商业性金融以实现利润最大化为目标，不能提供充足的资金支持，产业发展受资金约束非常明显。政策性金融配合国家特定的宏观经济和社会发展政策，能够弥补商业性金融的不足，扶持国计民生产业的发展和提供基础性设施，避免由此造成的产业结构失衡和地区失衡。同时，在产业政策的制定和实施过程中往往也伴随着金融政策的改革和创新，对金融发展也有着重要的影响。

5.5 京津冀区域金融发展与产业升级互动实证分析

5.5.1 区域产业结构现状

（1）产业层次结构不断提高

京津冀地区从 1993 年以来经济总量不断上升，经济实力不断增强。该地区的 GDP 从 1993 年的 3115.99 亿元增加到 2014 年的 66478.91，增长了 20.3 倍。随着京津冀地区经济的快速增长，该地区三次产业的产值也实现快速增长。1993～2014 年，第一产业产值从 390.22 亿元增长到 3806.35 亿元，增幅约为 9 倍；第二产业产值从 1575.88 亿元增长到 27289.5 亿元，增幅约为 16 倍；第三产业产值从 1149.89 亿元增长到 35383.06 亿元，增幅约为 30 倍。与此同时，产业结构也出现了很大的变化。1993 年第二产业所占比重最大，为 50.57%，经过 20 多年的发展，2014 年第三产业所占比重最大，为 53.22%（见表 5-8）。从各产值占 GDP 的比重来看，第一产业占比呈现逐年下降的趋势，第二产业占比波动下降，而第三产业占比逐年上升。

伴随着经济的快速发展，京津冀地区的产业结构不断优化升级。从全国范围来看，2014 年京津冀地区第三产业占比明显高于全国平均水平。相比长三角地区和珠三角地区，京津冀地区第二产业占比偏低（见表 5-9）。

表 5 – 8 1993～2014 年京津冀地区三次产业产值及其
占 GDP 的比重

单位：亿元，%

年份	GDP	第一产业产值	第二产业产值	第三产业产值	占 GDP 的比重		
					第一产业	第二产业	第三产业
1993	3115.99	390.22	1575.88	1149.89	12.52	50.57	36.90
1994	4065.69	565.25	1985.62	1514.82	13.90	48.84	37.26
1995	5289.18	764.30	2487.13	2037.75	14.45	47.02	38.53
1996	6364.10	841.97	2988.36	2533.77	13.23	46.96	39.81
1997	7295.50	908.46	3392.24	2994.80	12.45	46.50	41.05
1998	8007.79	942.60	3622.89	3442.30	11.77	45.24	42.99
1999	8693.96	955.46	3854.44	3884.06	10.99	44.33	44.68
2000	9907.50	977.49	4412.08	4517.93	9.87	44.53	45.60
2001	11143.81	1073.33	4798.04	5272.44	9.63	43.06	47.31
2002	12484.04	1123.49	5230.76	6129.79	9.00	41.90	49.10
2003	14506.53	1238.07	6242.02	7026.44	8.53	43.03	48.44
2004	17621.81	1563.07	7841.24	8217.50	8.87	44.50	46.63
2005	20887.27	1601.06	9433.15	9853.06	7.67	45.16	47.17
2006	24048.12	1653.96	10758.94	11635.22	6.88	44.74	48.38
2007	28706.89	2016.17	12603.81	14086.91	7.02	43.91	49.07
2008	33845.98	2270.00	15037.53	16538.45	6.71	44.43	48.86
2009	36910.36	2454.48	15803.22	18652.66	6.65	42.82	50.54
2010	43732.30	2832.75	18936.29	21963.26	6.48	43.30	50.22
2011	52074.97	3201.72	22807.66	26065.59	6.15	43.80	50.05
2012	57348.29	3508.46	24726.66	29113.17	6.12	43.12	50.77
2013	62685.77	3728.58	26349.86	32607.33	5.95	42.03	52.02
2014	66478.91	3806.35	27289.50	35383.06	5.73	41.05	53.22

资料来源：历年《中国统计年鉴》。

表 5 - 9　2014 年各区域产业结构横向比较

单位：亿元，%

地区	GDP	第一产业产值	第二产业产值	第三产业产值	占 GDP 的比重		
					第一产业	第二产业	第三产业
京津冀地区	66478.91	3806.35	27289.50	35383.06	5.73	41.05	53.22
长三角地区	128829.04	5535.77	58197.27	65096.00	4.30	45.17	50.53
珠三角地区	67809.85	3166.82	31419.75	33223.28	4.67	46.34	48.99
全国	684349.34	58336.14	320512.6	305500.6	8.52	46.83	44.64

资料来源：国家统计局。

（2）区域内产业存在互补性

受资源禀赋等约束，京津冀地区各省市支柱性产业有很大差别。2014 年，北京三次产业增加值分别为 158.99 亿元、4544.80 亿元和 16627.04 亿元，分别占北京 GDP 的 0.7%、21.3% 和 77.9%。北京金融业增加值为 3357.71 亿元，占 GDP 的 15.7%。天津三次产业增加值分别为 199.9 亿元、7731.85 亿元和 7795.18 亿元，分别占天津 GDP 的 1.3%、49.2% 和 49.6%。天津金融业增加值为 1422.28 亿元，占 GDP 的 9.0%。河北三次产业增加值分别为 3447.46 亿元、15012.85 亿元和 10960.84 亿元，分别占河北 GDP 的 11.7%、51.0% 和 37.3%。河北金融业增加值为 1347.58 亿元，占 GDP 的 4.6%（见表 5 - 10）。可以看出，北京第三产业占绝对优势，天津第二、第三产业齐平，河北第二产业占比最高，北京和天津的金融产业发展较好，河北金融产业仍有较大的发展空间。区域内部产业结构落差较大，虽然京津冀地区产业结构整体水平优于全国，但主要依靠京津两地领跑，这在很大程度上也反映出京津冀地区产业存在很强的互补性，比较优势突出，具有协同发展的良好条件。

表 5 – 10　2014 年京津冀各地区产业结构情况

单位：亿元，%

指标		北京	天津	河北
地区生产总值		21330.83	15726.93	29421.15
三次产业增加值（占比）	第一产业	158.99 （0.7）	199.90 （1.3）	3447.46 （11.7）
	第二产业	4544.80 （21.3）	7731.85 （49.2）	15012.85 （51.0）
	第三产业	16627.04 （77.9）	7795.18 （49.6）	10960.84 （37.3）
分行业增加值	农林牧渔业	161.31	201.53	3576.48
	工业	3746.77	7079.10	13330.66
	建筑业	902.66	686.98	1703.63
	批发和零售业	2411.14	1950.71	2255.13
	交通运输、仓储和邮政业	948.10	720.72	2396.40
	住宿和餐饮业	363.76	230.28	399.86
	金融业	3357.71	1422.28	1347.58
	房地产业	1329.20	550.86	1119.78
	其他	8110.18	2884.47	3291.63

资料来源：《中国统计年鉴》（2015 年）。

5.5.2　模型和结果分析

区域金融发展与产业结构升级的关系具有极大的复杂性，其作用大小也不尽相同。为此，本章选取 FIR 和第三产业与第二产业增加值之比作为产业升级指标，即产业结构优化率（记为CHANYE），来分析京津冀区域金融发展与产业升级的关系，样本区间范围为 1993～2014 年。

（1）平稳性检验

采用 ADF 方法，对京津冀地区产业结构优化率（CHANYE）、金融相关率（SFIR）以及北京、天津和河北的金融相关率（BJFIR、TJFIR、HBFIR）进行平稳性检验，结果见表5－11。

表 5－11　单根检验结果

变量	检验类型（C，T，P）	ADF 统计量	5% 临界值	P 值	结论
CHANYE	（C，0，0）	－ 1. 3654	－ 3. 0124	0. 5790	不平稳
ΔCHANYE	（C，0，0）	－ 3. 3122	－ 3. 0207	0. 0280	平稳
SFIR	（C，0，0）	－ 1. 0640	－ 3. 0123	0. 7089	不平稳
ΔSFIR	（C，0，0）	－ 4. 3365	－ 3. 0207	0. 0032	平稳
BJFIR	（C，0，0）	－ 1. 2666	－ 3. 0124	0. 6249	不平稳
ΔBJFIR	（C，0，0）	－ 3. 8056	－ 3. 0207	0. 0101	平稳
TJFIR	（C，0，0）	－ 1. 7481	－ 3. 0124	0. 3941	不平稳
ΔTJFIR	（C，0，0）	－ 5. 0377	－ 3. 0656	0. 0012	平稳
HBFIR	（C，0，0）	－ 0. 6860	－ 3. 0124	0. 8296	不平稳
ΔHBFIR	（C，0，3）	－ 4. 5153	－ 3. 0522	0. 0029	平稳

由表5－11可知，在5%的置信水平下，原序列五个变量的 T 统计量均小于临界值，说明 CHANYE、SFIR、BJFIR、TJFIR、HBFIR 是非平稳序列，但它们的一阶差分都是平稳的，也就是说，它们是一阶单整序列。

（2）EG 协整检验

由于原数据均为 I（1）过程，本章采用 EG 检验法分析产业结构优化率（CHANYE）与 SFIR、BJFIR、TJFIR、HBFIR 是否具有

协整关系，结果见表 5 - 12。由检验结果可以看出，CHANYE 和
SFIR、BJFIR 之间存在协整关系，即存在长期稳定关系，而
CHANYE 和 TJFIR、HBFIR 之间的协整关系不十分明显。

表 5 - 12　EG 协整检验结果

检验项	t 统计量	P 值
CHANYE 与 SFIR	- 3.4149	0.0227
CHANYE 与 BJFIR	- 3.3933	0.0238
CHANYE 与 TJFIR	- 2.6774	0.0952
CHANYE 与 HBFIR	- 2.8923	0.0640

（3）Granger 因果检验

为进一步分析京津冀区域金融发展对产业升级的关系，本章对
产业结构优化率（CHANYE）与 SFIR、BJFIR、TJFIR、HBFIR 之
间进行格兰杰因果检验，结果见表 5 - 13。

表 5 - 13　格兰杰因果检验结果

原假设	F 值	P 值	结论
SFIR 不是 CHANYE 的格兰杰原因	0.5918	0.5658	不能拒绝原假设
CHANYE 不是 SFIR 的格兰杰原因	3.9825*	0.0410	拒绝原假设
BJFIR 不是 CHANYE 的格兰杰原因	0.1256	0.8829	不能拒绝原假设
CHANYE 不是 BJFIR 的格兰杰原因	4.9517*	0.0223	拒绝原假设
TJFIR 不是 CHANYE 的格兰杰原因	5.6115*	0.0152	拒绝原假设
CHANYE 不是 TJFIR 的格兰杰原因	2.7380	0.0969	不能拒绝原假设
HBFIR 不是 CHANYE 的格兰杰原因	1.8180	0.1964	不能拒绝原假设
CHANYE 不是 HBFIR 的格兰杰原因	2.2218	0.1428	不能拒绝原假设

注：*表示在5%的显著性水平下通过检验，本实验滞后阶数为2。

　　格兰杰因果检验的结果显示，京津冀地区金融相关率（SFIR）不是产业结构优化率（CHANYE）的原因，而产业结构优化率是金融相关率的原因，说明产业结构优化对金融发展具有推进作用，但是京津冀地区金融发展并不能很好地支持产业升级，区域金融发展对产业结构升级的作用有待加强。

　　从各地区来看，北京金融相关率（BJFIR）不是京津冀地区产业结构优化率（CHANYE）的原因，而产业结构优化率是北京金融相关率的原因。由此可见，虽然目前北京地区的金融发展水平较高，但是该地区金融发展对京津冀区域产业升级的作用不明显，北京金融发展对京津冀区域经济发展和结构调整的辐射效应没有得到很好的发挥，而京津冀地区产业升级却可以对北京金融发展起到推动作用。天津金融相关率（TJFIR）与京津冀地区产业结构优化率（CHANYE）互为因果关系，表现出了交互促进的趋势，表明天津金融规模的扩大有利于促进京津冀区域产业结构优化，产业结构优化的同时又可以促进天津地区的金融发展。河北金融相关率（HBFIR）与京津冀地区产业结构优化率（CHANYE）之间不存在格兰杰因果关系。河北地区的金融发展水平和产业结构优化率都较低，两方面均需加强。

　　（4）误差修正模型 ECM

　　从前文的分析可知，京津冀地区产业结构优化率（CHANYE）与金融相关率（SFIR）之间存在协整关系，即两者存在长期均衡关系。由格兰杰因果检验得到，京津冀地区金融相关率与产业结构优化率之间存在单向引导关系，因此本章以 D（SFIR）为因变量，以 D（CHANYE）和 ECM（−1）为自变量，建立一阶误差修正 ECM 模型：

$$D(SFIR) = 0.0596 + 1.5561D(CHANYE) - 0.4011ECM(-1)$$
$$\quad\quad (0.0403) \quad\quad\quad (0.8118) \quad\quad\quad (0.1390) \quad (5-1)$$

由式 5-1 可知，误差修正项 ECM（-1）的系数为 -0.4011，t 统计值为 -2.8849，在 5% 的显著性水平下显著，误差修正项对金融相关率序列构成负向修正作用，表明京津冀地区金融相关率（SFIR）与长期均衡之间的差异约有 40.11% 得以纠正，修正作用非常明显。

5.6　京津冀区域金融与产业升级协调发展建议

在协同发展的大背景下，京津冀区域金融合作交流日益深入。根据网站新闻报道，2015 年，京津冀三地互相投资 1900 多亿元，是 2014 年的 3.2 倍。京津冀三地中，北京为资本净流出地。在 1900 多亿元的相互投资中，北京对天津、河北的投资达到 1600 多亿元，占总额的 80% 以上。并且，2015 年北京对天津和河北两地的投资是 2014 年的 3.5 倍，呈现井喷式发展。其中，北京对天津的投资倾向于研发、金融领域，对河北则倾向于制造业领域。在河北，唐山、石家庄、廊坊、保定四地是吸纳北京投资的重点区域。

但是，京津冀区域金融发展和产业结构存在极大差距，区域金融发展与产业升级仍存在诸多不匹配。北京和天津凭借资金、人才、基础设施和科技创新等方面的优势占据主导地位，而河北处于弱势地位，京津冀地区无论是区域金融发展还是产业结构升级都亟待加强协调，深化协同发展。

5.6.1　促进区域金融互动，营造良好金融环境

京津冀地区金融发展差异较大，如果差距持续扩大，会进一步加剧区域经济的失衡，并可能导致金融风险的局部集聚，不利于区域金融发展和产业升级。当前应当构建京津冀区域金融发展的协调机制，实现京津冀区域金融的良性互动。由于现有很多金融政策在京津两地的优势明显，而在河北地区的适应性差，因此，当前应抓住机遇，加强河北地区的金融改革，大力推进适应于河北地区的多种金融创新，允许和鼓励京津冀地区进行适应地方金融发展的制度创新。

目前，京津冀区域金融具有较好的合作基础，应进一步降低金融跨区域合作壁垒，减少金融信息不对称。应转变各自为政的观念，树立区域金融协同发展的观念，制定符合市场要求的区域金融合作规划，创建区域金融合作协会，明确各地区在区域金融发展中的定位、目标、任务等，加强跨地区、跨系统、跨部门、跨机构的配合协作。建立健全社会信用体系，搭建区域信息联网，及时公开发布各类对区域金融发展产生影响的信息，加强各地区的信用信息共享，提高金融市场的透明度，营造区域良好的金融竞争环境。

为保障区域金融安全，京津冀地区应建立综合性的金融风险防范体系。牢牢树立区域金融安全意识，各地区统筹考虑安全问题、组织问题、保障问题等，统一监管，完善区域金融风险防范体系。建立跨区域的金融协调机制，搭建区域内上下对接、职责明确、协同联动的组织架构和运作机制，加强对区域金融改革的统筹引导，统一各地方金融监管尺度，维护监管的公平性，有效防范和化解区域金融风险，维护区域金融稳定。

5.6.2　发挥各地比较优势，积极变差异为机遇

区域协同发展是一个优势互补、协调发展的过程，势必出现优势向劣势转移的情况。目前，京津冀区域金融发展和产业结构都存在明显差异，应根据各地区的资源禀赋，化差异为机遇，化被动为主动。京津冀地区金融资源和产业结构优势要具体问题具体分析，制定有差别的发展目标，确定有针对性的工作重心，从而实现资源之间的有效流动，使产业分工合理，资源实现高效合理配置。

北京作为京津冀地区的龙头与中心，第三产业占比很高，金融业已经成为其支柱产业。北京应利用其金融发展优势，打造京津冀区域金融核心。依托"中心－外围"的发展模式，做好金融的决策和调节，充分发挥核心的辐射效应，促进京津冀地区金融资源有效合理流动，实现共同发展。北京具有文化、信息、资源等优势，特别是近年来北京科技金融的发展取得了显著成效，中关村园区成为科技金融创新的策源地，应进一步发挥北京科技金融发展优势，发挥资源禀赋优势。

天津金融发展相对较好，应利用紧邻北京的地理优势，以及滨海新区的金融发展政策优势，走金融创新的道路，成为京津冀区域乃至全国的金融试验中心，吸引更多的金融资本注入，提升金融发展软实力，实现与北京互补发展。近年来，天津利用自身在航运方面的地理优势，加强国际航运中心建设，给航运金融服务业的发展带来了机遇。天津应充分利用政策优势，进行科学创新与实验，积极探索新能源和新兴产业的投资模式，提高金融创新水平和自主创新能力。

河北金融发展水平相对落后，应集中金融地缘优势，构建能够

承接优势区域转移产业的、为其提供更好服务的"后勤保障"区域。河北应积极完善自身条件，做好京津两地的金融服务工作，为两地众多的金融机构做好后台的支撑，通过向京津学习高端金融模式，配以优惠的政策条件，引进京津两地金融发展的要素转移，实现区域金融阶梯状发展。唐山和石家庄是目前金融发展前景较好的城市，近年来开始广泛开展对接北京产业转移的工作，应进一步加强河北的基础设施建设，使其更好地承接京津地区的产业转移与金融辐射。

5.6.3 优化区域金融结构，发挥金融引导作用

目前京津冀地区银行在金融结构中居主导地位，银行金融资产在整个金融资产中的占比过高，对银行系统过分依赖不仅导致金融机构竞争性不足、效率不高，而且提高了系统性风险发生的可能性。应建立各组成部分均衡发展的金融结构，逐步降低银行在金融机构中的比重，这不仅是提升金融功能和效率的需要，而且是防范和化解金融系统风险的现实选择。在确保银行体系健康发展的同时，努力发展债券市场、股票市场、保险市场，进一步完善金融市场体系，扩展金融体系的广度和深度，减少银行系统的风险承载量，提高金融结构的合理性。

京津冀地区应充分发挥"新三板"市场和天津股权交易所（四板市场）的作用，大力扶持符合条件的企业挂牌融资，实现股权转让，实现资本市场上直接融资。充分利用短期融资券、中期票据、集合票据、企业债券等方式，扩大债券市场规模，完善债券市场交易机制，拓展企业的融资渠道。应鼓励互联网金融、私募股权基金、小额贷款公司、消费金融公司、担保公司等新兴金融业态开

展跨行政区业务，建立不同规模、不同风险偏好的投融资对接平台。出台政策引导民间资本投资方向，鼓励民间资本参与京津冀协同发展项目的建设。

5.6.4 加强产业优势互补，增强区域金融实力

京津冀地区要利用各自优势，加强产业优势互补，实现产业协同发展。北京大力发展文化创意产业、高新技术产业等，但产业内部结构还不太合理。天津的优势产业是制造业，但受其科技创新能力、研发转化能力较弱的制约，先进制造业和现代服务业的发展较慢。河北以钢铁、能源产业为发展核心，发展速度缓慢。北京和天津是京津冀地区的两个核心经济增长点，应促进北京及周边地区产业的错位发展，天津要重点发展高新技术产业、现代物流业与港航运输业，河北在承接京津地区产业的基础上，应注重生态培育与发展，建立优势互补的产业集群，形成区域间各个产业的良性互动，最大限度地发挥京津地区的辐射作用，促进区域间的联动发展。

京津冀地区在总体经济实力提升、产业结构升级的过程中，应促进金融资源的高效配置，提升金融资产的使用效率，进一步加强金融业的辐射带动作用。注重金融与实体经济的协同发展，加强金融对实体经济的带动作用，合理规划金融对相关产业结构调整的分配，加大对中小企业的金融支持，改善中小企业的融资环境。大力发展产业投资基金，发挥其高效灵活的投资特点，加快区域内基础设施、公共服务的建设以及高新技术产业发展，这些反过来又会推动区域经济和产业结构调整。

此外，要加强农村金融改革，促进城乡金融协调发展。城乡金融发展差异一直处于高位状态，这不利于城乡经济的协调发展，必

须加强农村金融改革，促进城乡金融协调发展。营造农村金融与农村经济协调发展的宏观制度环境。培育和保护好农民平等的市场主体地位，赋予并保护好农村金融与农村经济的产业地位，促进农村金融的产业化发展，构建以市场为基础、政府为主导的协调发展机制。政府在进行相关制度安排时，要因地制宜，重视基层金融组织的意见与做法，充分尊重农村金融需求主体的相关意见。

6
GVC 下京津冀制造业
升级路径研究

随着京津冀协同发展上升为国家战略，区域经济协同发展问题日益受到重视，制造业作为国民经济的支柱产业成为产业转型升级的重点之一。因此，研究京津冀制造业如何转型升级是当前亟须解决的关键问题。

6.1 引言

2014 年 6 月，京津冀协同发展上升为国家战略，这是继长三角经济区、珠三角经济区之后又一个区域性的协同合作发展战略。2015 年 4 月 30 日，中共中央政治局会议审议通过了《京津冀协同发展规划纲要》，标志着京津冀协同发展顶层设计基本完成。该纲要指出，推动京津冀协同发展是一个重大国家战略，其核心是有序疏解北京非首都功能，要在京津冀交通一体化、生态环境保护、产业转型升级等重点领域率先取得突破。这意味着在区域经济协同发展背景下的产业转型升级将成为实施这一重大国家战略的主要着力点之一，而作为支柱产业的制造业则是产业转型升级的重中之重。

然而，从国内区域产业的发展现状来看，一方面，京津冀经济发展不平衡，呈阶梯状分布。从人均 GDP 看，2015 年，北京、天津的人均 GDP 均超 1.6 万美元，而河北仅为 6500 余美元，不足北京和天津的 1/2；从产业结构看，北京以第三产业为主，第三产业占比达到 77.9%，并呈明显的高端化趋势，天津和河北的第二产业占比仍在一半左右，分别为 49.4% 和 51.1%；从城镇化率看，京津冀三地的城镇化率分别为 86.4%、82.3% 和 49.3%。综合判断，北京已进入后工业化阶段，天津处于工业化阶段后期，而河北尚处于工业化阶段中期。一方面，经济发展的不平衡，再加上北京作为区域核心的经济辐射作用较弱，以及首都北京的"极化效应"[①] 抑制了河北的发展，导致北京周边地区的发展相对滞后；另一方面，京津冀地区的许多产业同质化竞争严重，尤其是工业与制造业企业，在京郊、天津和河北都广泛分布，缺乏有效的协调。有研究认为，京津和京冀的产业结构相似度远低于津冀，这表明目前京津和津冀间的优势产业重合度较高，存在严重的产业趋同现象（祝尔娟，2009），这种由区域内行政分割形成的产业趋同与竞争不仅会导致资源浪费和产能过剩，而且也不利于京津冀三地的产业升级和协同创新。

同时，在开放经济条件下，对区域经济协同发展和产业转型升级的研究，越来越离不开对全球价值链（Global Value Chain，GVC）升级问题的考察。改革开放以来，京津冀地区传统制造业依托自身的劳动力、土地等要素的低成本优势，通过承接国际产业转移和为跨国公司代工等途径实现了快速发展，

---

① 极化效应是指将迅速增长的推动性产业吸引和拉动其他经济活动的效应。

并已嵌入 GVC 的中低端环节。然而，伴随着传统比较优势的丧失，京津冀地区的制造业价值链升级状况不容乐观，面临低端锁定的困局。因此，如何破解京津冀制造业低端锁定的局面，如何在京津冀协同发展的国家战略下找到适合产业（尤其是制造业）转型升级的新路径，是当前京津冀产业发展亟须解决的关键问题。

现有的对区域性传统制造业升级路径的研究不是集中在 GVC 层面的升级路径上（涂颖清，2011；陈静雅，2013；刘玉荣，2015；刘仕国、吴海英，2015），就是以长三角地区的传统制造业为主，从构建国家价值链（National Value Chain，NVC）的角度来探究制造业的升级路径（刘志彪、于明超，2009；刘志彪、张杰，2009；岳中刚、刘志彪，2011；张少军、刘志彪，2013；刘鹃等，2014），鲜有结合区域协同发展、产业协同分工和专业市场动态演进等特点从 NVC 视角进行京津冀传统制造业升级路径的相关研究。虽然有从产业价值链（Industrial Value Chain，IVC）角度研究京津冀制造业协同创新和产业升级的（如武玉英等，2014），但该类研究未能说明区域 IVC 的升级对构建 NVC 和打破 GVC 低端锁定，实现从 IVC 到 GVC 的具体突破路径。

本章试图从 NVC 视角考察区域产业升级与区域经济合作的内在机制，以京津冀传统制造业为研究对象，从 NVC 视角对京津冀制造业升级的影响因素进行梳理，并在此基础上，分析产业升级的传递机制，最后通过案例分析和归纳演绎法，构建京津冀制造业升级的理论模型和具体升级路径，为京津冀三地政府制定产业政策和企业制定升级路径提供理论依据。

6.2　文献综述

6.2.1　GVC与NVC文献综述

自20世纪80年代价值链理论提出以来，国内外学者对其进行了深入的研究，逐渐形成现有的较完善的GVC理论体系（见表6-1）。

表6-1　价值链理论形成过程

过程	代表人物	提出时间	主要思想
价值链提出	波特	20世纪80年代中期	提出价值链概念,认为竞争不仅是企业之间的竞争,而且是价值链之间的竞争
价值链片断化理论	科古特	20世纪80年代中期	提出片段化理论,认为价值链各个环节在安全空间范围内配置,各国企业参与到价值链中
全球商品链理论	格里芬等	20世纪90年代中期	提出商品或服务从生产到最终回收利用形成了全球生产网络,以及在价值链中的角色分配
GVC理论	UNIDO、英国Sussex大学等	20世纪90年代末	以价值链为轴线的全球跨企业网络组织,注重研究产品的增值环节、价值链内的企业关系与利益分配

GVC理论起源于价值链理论。波特于1985年首先提出了"价值链"的概念，他将企业内部的运作过程分解为许多相互关联的生产经营活动，这些活动构成了一个动态的价值创造的过程，即价值链。在此基础上，Geriffi（1999）和一些学者将"价值链"的概念拓展到企业之间，并与产业的全球化联系起来，提出了"全球

商品链"的概念，将重点放在价值链的内部结构关系上，包括全球商品链和领先企业在发达国家中的增值部分如何形成和控制商品链的发展。此后，Geriffi（2001）又提出了 GVC 的概念，主要研究了国际化生产中产业的动态特征，揭示了 GVC 的作用及其在价值链中各国所承担的角色。20 世纪末期，联合国工业发展组织（United Nations Industrial Development Organization，UNIDO）更加全面地给出了 GVC 的定义，其在 2002～2003 年的工业报告中指出，GVC 是生产的国际化，将一个产品的各个生产环节分散到全球范围内，实现全球生产的网络化，跨国企业将商品或服务从生产到销售、回收处理等所有环节连接起来，各国根据自身的比较优势参与到生产网络中，对价值链环节进行专业化生产，实现价值链增值收益。20 世纪末到 21 世纪初，随着经济全球化和跨国公司对外直接投资的快速发展，新兴市场和新兴国家通过开放市场吸引外资以及承接发达国家的产业转移，经济迅速崛起。但是，在 GVC 中，附加价值环节高的研发设计、品牌销售等环节被发达国家牢牢占据，嵌入 GVC 的代工企业一旦嵌入价值链的低端环节，就很容易被跨国企业"俘获"，并长期被锁定在 GVC 的低端环节而难以摆脱，尽管也有企业能够实现加工环节的升级，但它们仍难以进入 GVC 的设计和营销等高端环节。

因此，如何解决发展中国家和地区制造业低端锁定的问题，成为国内外学者共同关注的焦点，Bazan 和 Alemán（2004）通过对巴西西诺斯谷（Sinos Valley）鞋业集群中存在的四种主要价值链比较分析后发现，依托国内市场发展起来的 NVC 中的本土企业，具有更强的功能升级能力。近年来，国内一些学者也开始进行相关方面的研究。所谓 NVC，是指基于国内本土市场需求发育而成，由本土企业掌握产品价值链的核心环节，在本土市场获得品牌和销售终端渠道以及自主研发创新能力的产品链高端竞争力，然后进入区域或全球市场的价值链分工生产体系。刘志彪（2011）提出了搭建 NVC 的思路，认为搭建 NVC 可以把潜在的内需变成有产业基础的市场需求，是利用国内市场走出 GVC 低端的重要思路和路径。岳中刚和刘志彪（2011）认为，培育具有全球市场渠道控制能力的零售商是构建 NVC 的核心。

与 GVC 类似，NVC 也包括三大环节，分别是技术环节、生产环节和营销环节。每个环节所产生的附加值都不同。技术环节包括研发、设计、材料采购等；生产环节包括生产、加工组装、质量检验和库存管理等；营销环节包括销售、品牌及售后服务等。图 6-1 表明了这些环节所产生的附加值以及在 GVC 中所处的位置。

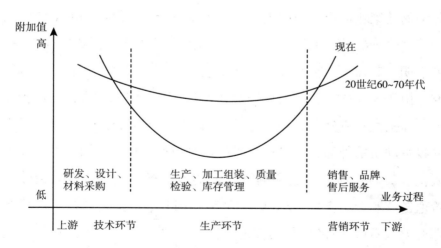

图 6-1 NVC 下的微笑曲线

资料来源：张剑：《GVC 视角下中国制造业地位的提升》，《企业经济》2007 年第 6 期。

从图 6-1 可以看出，技术环节与营销环节分别在 NVC 中处于上游和下游的位置，都处于较高的附加值水平，而生产环节处于两者之间，且处于 NVC 中较低的附加值水平。

6.2.2 产业升级理论及主要制约因素

产业升级作为产业经济学研究的热点问题，国内外许多学者都对其进行了相关研究。

对产业升级内涵的界定。从产业升级的研究思路来看，目前主要有"产业结构调整"思路和"价值链升级"思路两种。"产业结构调整"思路与前文提到的产业结构高度化相统一，最早是由国内学者吴崇伯于 1988 年在《论东盟国家的产业升级》中提出的，后经众多学者深入研究，现已较为完善，包括对产业升级影响因素以及对产业发展周期性的演化阶段研究，由于该理论与我国政府主导型的政策相适应，因此被广泛应用。对产业升级影响因素的研究属于"产业结构升级"这一思路，其中包括对技术创新（吴丰华、刘瑞明，2013）、市场需求（王海杰、吴颖，2014）等因素的研究，由于这一研究思路出现较早，因此对这些因素的研究也比较成熟。潘素昆和袁然（2014）选取全球 58 个国家的数据，证实了不同投资动机的外商直接投资会对产业升级产生促进作用。王岚和李宏艳（2015）通过构建和测算价值链地位指数、增值能力指数和价值链获利能力指数，刻画了 1995～2011 年中国不同技术水平制造业融入 GVC 的路径及其演进特征。结果表明，嵌入位置是决定中国制造业国际分工地位的关键因素，增值能力弱是制约中国制造业转型升级的关键因素。

"价值链升级"思路在国外学者的研究中比较常见。价值链

（Value Chain） 一词最早由波特于 1985 年提出，后来 Geriffi
（1999） 将价值链与产业的全球化相联系，开始了产业升级的价值
链思路的研究。Kaplinsky（2000） 也指出，深入了解 GVC 的动态
因素有助于有效地研究产业升级，从而强调了 GVC 视角的重要性。
Carlo 等 （2005） 着眼于拉丁美洲产业集聚、GVC、产业升级和创
新模式之间的联系，发现在 GVC 中部门专业化能够对行业集聚和
一体化升级的模式和程度产生影响。当前，散布于全球的处于
GVC 上的企业进行着从设计、产品开发、生产制造营销、销售、
消费、售后服务到循环利用等各种增值活动 （UNIDO，2002）。
GVC 中不同环节创造的价值往往不同，按照各个价值环节的增值
能力，可以把整个价值链条划分为若干环节或片段，即整个价值
链条内部具有价值等级体系特征。因此，产业升级就是要逐渐由
低附加值环节向高附加值环节攀升，直至居于价值链上的核心环
节或战略环节，获得价值链的控制权或治理权；或在突破性技术
创新的基础上，由一个产业链条转换至另一个产业链条。产业升
级的模式包括工艺升级、产品升级、功能升级和链条升级
（Humphrey and Schmitz，2002）。Bazan 和 Alemán （2004） 通过对
四种主要价值链比较分析后发现，依托国内市场发展起来的 NVC
中的本土企业，具有更强的功能升级能力。纵观国内外相关文献
不难看出，作为研究产业升级问题新范式的 NVC 是研究价值链理
论的新前沿。

6.2.3　NVC 与产业升级

产业经济学认为，产业升级是指产业由低层次向高层次的转换
过程，它不仅包括产业产出总量的增长，而且包括产业结构的高度

化。具体来说，就是产业由低技术水平、低附加值状态向高新技术水平、高附加值状态的演变过程，而产业升级是指从劳动密集型产业向上游的技术密集型产业或下游的资本密集型产业升级，以实现价值增值的过程。

Humphrey 和 Schmitz（2000）在此基础上从微观的角度提出了产业升级的四种模式，即流程升级、产品升级、功能升级和跨产业升级（见表6-2）。通常，产业升级依循从流程升级到产品升级再到功能升级，最后实现产业升级的路径。

表6-2　GVC 视角下产业升级模式

升级路径	升级的内涵	升级的体现
流程升级	通过对生产中的工艺流程重塑或升级来实现生产环节的效率提升	生产效率提升，产品质量提高或趋于稳定
产品升级	通过引进新的生产线来改进现有产品或研发新产品	从功能、技术等方面改进旧产品，推出新产品
功能升级	重新组合企业内各种经济活动，以获得新的功能	从生产向研发、营销等附加值高的环节升级，如从 OEM 到 ODM 再到 OBM 的升级
链条升级（跨产业升级）	将某一产业的材料、技术、知识应用于其他产业	从一个产业跨越到另一个产业，实现产业间的升级

注：OEM（Original Equipment Manufacturer），即原始设备制造商，也称代工生产、贴牌生产；ODM（Original Design Manufacturer），即原始设计制造商；OBM（Open Book Management），即代工厂经营自由品牌。

毛蕴诗和吴瑶（2009）指出，企业进行升级的路径可以分为三种：一是通过持续的学习和创新形成自身的核心技术和研发能力，在此基础上培育自主的全球品牌，实现从 OEM 到 ODM 再到 OBM 的升级；二是通过技术创新实现 OEM 到 ODM 的技术升级，或通过营销能力的提升实现 OEM 到 OBM 的品牌升级，或通过经营方式创新进行 OEM 多元化；三是通过混合路径的方式，即同时向 ODM 和 OBM 进行转型和升级。

近年来国内学者也逐渐开始这一思路下的研究，但主要是基于"微笑曲线"对 GVC、NVC 或 RVC（区域价值链，Regional Value Chian）的理论构建。就目前的发展状况来看，中国企业很有可能被国际上的大买家"锁定"于 GVC 分工中的低端环节（刘志彪、张杰，2009），因此，尽快突破"低端锁定"，向"微笑曲线"的两端攀升是主要的解决思路（张杰、刘志彪，2007）。此外，由于我国的 NVC 与 GVC 并未成功对接（张少军、刘志彪，2013），因此通过价值链延伸来突破"低端锁定"（王海杰、吴颖，2014）也是一个有效的方法。

目前，我国传统制造业在国际分工序列中属于低端的加工制造，而掌握核心技术和市场渠道的跨国公司则是全球生产布局和利益分配的控制者。同时，在产业链上的其他次级供应商还依靠"瀑布效应"进行产业整合，形成产业的高度集中化。此外，我国传统制造业面临主导厂商和次级供应商的多重控制，加大了赶超的难度。因此，在依靠 GVC 发展加工贸易出口受到威胁时，亟须通过构建 NVC，依靠国内市场建立新型产业循环体系，实现产业转型升级。

6.2.4 区域经济协同发展、NVC 与产业升级

当前，中国经济发展对区域经济协调发展的要求越来越高，而基于增长极理论，以核心城市为基础的城市群的发展日益主导了当前经济圈发展的新格局，成为区域竞争的主要模式。同时，在

GVC 和 NVC 升级背景下，区域产业升级已经突破了区域边界，并与地方制度和社会背景紧密结合，区域的特质由此对产业升级产生重要影响。因此，NVC 下的产业升级应该纳入区域经济协同发展的研究框架下。

京津冀都市圈是我国沿海三大城市群之一，位于环渤海地区的中心位置，是国家经济发展的重要引擎和参与国际竞争合作的先导区域，在我国的经济发展中占据重要地位。现阶段，京津冀经济发展协调互补，三地相互之间的产业分工协作体系已较为成熟。不过，近年来京津冀地区经济增速不断下滑，且与长三角等地区的经济差距也在拉大。一方面，与京津冀三地之间存在不同程度的产业结构雷同、资源分散利用与地区恶性竞争有关；另一方面，随着经济全球化的发展，劳动分工日益深化，全球产业的梯度转移不断进行，大量劳动密集型产业以及价值低端环节逐渐转移，而多数发展中国家又受限于自身落后的产业竞争力和紧迫的产业升级任务，使得区域经济合作与产业升级呈现新的特点，区域竞争也日益体现为产业竞争（陈静雅，2013）。同时，我国大部分地区已经进入工业化中后期发展阶段，经济增长速度开始放缓，很难再通过依靠从发达国家引进高端技术设备和承接国际产业转移来实现真正的产业技术进步与经济增长，将更多地依赖改变 GVC 的嵌入方式和区域产业联动来推动产业经济增长与价值链升级（黄群慧，2014）。作为传统的产业密集带，京津冀地区产业发展的比较优势较为明显，但与长三角地区和珠三角地区相比，京津冀区域的整体经济实力偏弱，且区域内部的产业结构发展并不均衡。在 GVC 升级背景下，伴随着传统比较优势的丧失，京津冀地区的价值链升级状况不容乐观（陈静雅，2013）。严峻的现实证明，经济追赶不能建立在基于资源和劳动力的比较优势之上，必须以动态的技术变迁和产业升级为基础（涂颖清，2011）。未来几年，伴随国家对外开放的不断深化和区域协同发展的不断推进，在 GVC 背景下，京津冀地区的发展需要进行产业升级。

6.3　GVC 下京津冀制造业升级的 制约因素分析

6.3.1　GVC 与 NVC 的联系与区别

NVC 与 GVC 是紧密联系的。NVC 的构建是建立在京津冀地区通过嵌入 GVC 实现产业发展基础之上的，因此与 GVC 对接将是 NVC 构建的一种十分重要的模式选择。在与 GVC 发生联系和进行对接时，必须特别注重 NVC 模式选择对京津冀三地在 GVC 中产业升级的作用，以打破国内企业在 GVC 中被"俘获"和被"锁定"在低端的状态和前景。这是 NVC 能否促进区域产业协调升级的关键之一。

关于二者的区别，NVC 除了在价值链的地理指向、主体特征、租金类型与分配等方面与 GVC 有所不同外，NVC 的模式选择不仅应考虑区域内经济发达地区的产业升级问题，而且必须考虑区域内经济欠发达地区的产业升级问题，即通过选择合理的 NVC 模式，使区域内经济欠发达地区既可以实现与区域内发达地区产业的有效互动和联系，又可以在这一过程中避免走上依赖资源、能源、原材料和劳动力的"资源诅咒"发展道路，从而实现区域内各地区的协同发展。

6.3.2 NVC 下影响制造业升级的因素

在 NVC 下，从不同视角分析产业升级的传递机制，如从市场需求、经济实力、人才流动、产业结构、创新能力、制度安排、贸易规模、生产性服务业、NVC 治理模式等方面来分析对制造业产业升级的影响因素（见图 6 - 2）。

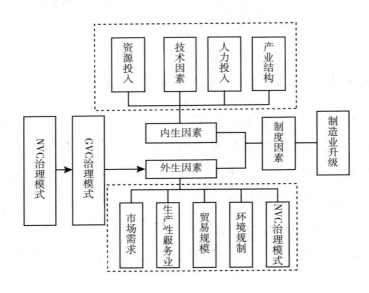

图 6 - 2　NVC 下制造业升级影响因素

由图 6 - 2 可知，资源投入、技术因素、人力投入、产业结构属于内生因素，市场需求、生产性服务业、贸易规模、环境规制、NVC 治理模式属于外生因素，制度因素将内生因素和外生因素紧密联系起来，相互作用，共同作用于制造业产业。

京津冀地区在改革开放后的 30 多年里，通过承接全球范围内的产业转移，实现了自身经济的发展并推进了工业化进程。但伴随着国际经济环境恶化、国内人口红利逐渐消失以及产能过剩问题日益严重，京津冀地区传统制造业价值链升级状况不容乐观。同时，虽然北京拥有政策优势和丰富的科技资源，天津拥有便捷的区位优势和强大的制造业基础，河北拥有丰富的劳动力要素和低廉的土地租金，但京津冀三地制造业转型升级的过程并不顺利，京津冀地区制造业升级仍面临许多挑战。

从价值链升级看，京津冀地区在价值链升级过程中进行的产业结构调整没有突破行政界限，各个地区更多地着眼于本地利益，缺乏整体的区域协作观念。这与长三角地区核心城市的整体带动和辐射效应较强形成鲜明对比，其核心城市在产业链升级中不仅积极转移落后产业，而且为新兴产业的发展创造了良好的条件。就京津冀而言，北京虽然很早就确立了产业结构调整的思路，将部分低端产业转移到了河北，但与天津的产业合作不够深入，使得京津冀地区的区域发展与产业升级并不协调。

从区域协同发展来看，京津冀地区的产业升级面临较严重的工业结构趋同问题。在价值链升级过程中，各地区产业结构调整着眼于眼前利益，使得工业结构趋同的问题愈演愈烈，区域内部竞争多于合作的现实，限制了区域产业结构的高级化。除此之外，京津冀地区的产业创新能力不强，尤其是在 GVC 升级背景下，区域竞争力的核心越来越表现为产业创新能力，而北京和天津虽然科研实力较强，但由于优势产业薄弱，产业转化与创新能力并不强。另外，在价值链升级过程中，京津冀地区内部产业转移的衔接性不强，一方面，北京和天津两地的旧产业转移不足；另一方面，河北等周边地区的产业承接能力有限，导致产业升级动力不足，这又反过来制约了中心城市的产业升级。

6.3.3　京津冀区域经济合作与产业升级中存在的缺陷

作为传统的产业密集带，京津冀地区产业发展的比较优势较为明显，但与长三角地区和珠三角地区相比，京津冀地区的整体经济实力偏弱，且区域内的产业结构发展不均衡。在 GVC 升级和京津冀协同发展的大背景下，伴随着传统比较优势的丧失，区域内产业断崖式发展，北京高端制造业和高端服务业占比畸高，而河北一般制造业占比大且服务业发展缓慢，这些都导致京津冀地区的制造业不仅在区域内的产业转移上困难重重，而且在价值链的升级上也不容乐观，主要表现在以下几个方面。

首先，京津冀地区与长三角地区和珠三角地区相比，区域的整体经济实力不强。虽然京津冀地区的经济总量比珠三角地区大，但远远低于长三角地区，且从财政收入看，长三角地区是京津冀地区的 4 倍。而从进出口贸易总额看，京津冀地区不仅低于珠三角地区，而且与长三角地区的差距更大。

其次，京津冀地区的区域内部实力并不均衡，产业结构发展中的不平衡性比较严重。整体来看，京津冀地区内部发展的实力存在不均衡性，河北的人均 GDP 远远落后于北京和天津，但在地区生产总值方面，北京和天津还没有绝对的实力以发挥龙头带动作用。从产业结构看，北京的三次产业结构已经接近发达国家的水平，服务业在其经济中的占比超过 76%，农业占比已经不足 1%。天津与河北则是传统的以工业为主导的地区，工业已成为其经济增长的主要推动力量。从所处的工业化阶段看，天津与河北处于工业化中期阶段，仍旧面临工业化发展的任务。

再次，北京的第三产业发展较好，天津与河北的第三产业则发展滞后。按照标准的产业结构理论，三次产业的演变应该形成"三二一"的结构。近年来，除北京的产业结构趋于优化外，天津与河北的第三产业发展滞后，且远未达到初级现代化下65%的标准。从第三产业的内部结构看，北京的第三产业以体现产业和城市竞争力的高端服务业为主，经过多次调整与升级，其内部结构已经趋于合理并走向高度化。天津与河北的第三产业则以批发零售、交通运输为主，虽然现代服务业不断进步，但由于资源禀赋的差异，其第三产业发展的空间还很大。

最后，京津冀地区的科技竞争力分布具有不均衡性，产业的创新能力差别较大，产业价值链升级的创新动力不足。区域创新能力更多地依赖科技竞争力，而京津冀地区的科技实力过度集中在北京地区，其产业创新的能力更强，产业升级的动力也更强。但在与制造业的衔接上，北京则缺少明显的动力支撑。因此，区域科技竞争力在分布上的不均衡使北京对其他落后地区的产业升级支持效应明显不足。

6.4 基于 NVC 的京津冀协同发展与制造业升级理论模型

有关制造业升级的定义很多，其关注的侧重点也各不相同，相较于发展和协作程度较高的长三角地区和珠三角地区，京津冀地区的整体经济实力偏弱，且区域内部的产业结构发展并不均衡。同时，在 GVC 升级背景下，伴随着传统比较优势的丧失，京津冀地区的价值链升级状况不容乐观。

鉴于此，探究京津冀传统制造业的升级路径，不能仅从一般性的 GVC 下制造业的升级路径理论角度去研究，也不能仅局限于京津冀区域协同或产业联动角度去研究，而应该以更具可操作性的方式，以国内市场为依托在制造业产业链上加强京津冀区域协同创新和产业联动发展，着眼整体的集群式产业升级，以构建区域 NVC 为依托，以区域产业协同创新为突破口，通过 NVC 与 GVC 的竞争与合作，摆脱在 GVC 中"低端锁定"的现状，实现传统制造业在 GVC 分工体系中的功能升级（见图 6 - 3）。

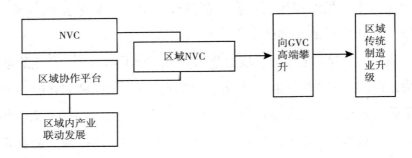

图 6 - 3　NVC 视角下京津冀区域协同发展与制造业升级理论模型

一方面，区域内本土企业依托国内市场构建 NVC；另一方面，通过 NVC 的构建，区域内培育出一定数量的位于价值链高端环节的领导型企业。这些企业凭借其在国内形成的市场势力，以及品牌和研发设计能力，通过与国际跨国公司的合作和竞争，进一步依托本土势力实现向 GVC 高端攀升。同时，本土企业至少有两种可行的方式实现向 GVC 高端攀升，进而实现功能和链条的升级。一种形式是通过对外直接投资、海外并购等途径将 NVC 向国外延伸，自主构建并主导 GVC 的治理；另一种形式是依靠从 NVC 获得的市场势力和"专有能力"与 GVC 链主企业或由其控制的经销商建立战略联盟，通过共享销售渠道、共同开发产品等方式向 GVC 高端攀升（钱方明，2013）。依靠国内构建的 NVC 所形成的市场势力、研发设计势力及品牌力量，本土企业在与占据 GVC 高端的跨国公司进行合作和竞争时，本土领军企业既能摆脱"低端锁定"的困局，也可以不断从合作中学习新技术、新知识和价值链治理经验，及时掌握国际高端需求变化，增强持续创新的动力，不断提高向 GVC 高端攀升的"专有能力"。

6.5 基于 NVC 的京津冀协同发展与制造业升级路径

要实现京津冀地区传统制造业升级，必须打破区域内市场的各种管制，从区域协同发展的角度进行政策和制度的安排，积极创新区域合作模式，推动产业的持续创新。同时，也要改变以往试图仅从 GVC 低端直接突破的做法，选择相对迂回的突破路径，即依托不断发育的国内中高端市场构建 NVC，在此基础上进一步向国外拓展价值链，自主构建 GVC，或寻求与 GVC 主导企业合作最终实现在 GVC 上的升级。借鉴钱方明（2013）以长三角地区制造业为例构建 NVC，并通过区域协作方式构建企业升级路径的思路，提出三条针对京津冀地区特点的制造业升级路径。

6.5.1 流通主导型企业驱动的升级路径

流通主导型企业是产业链中的核心企业，能够对产业链上各类企业的优势资源进行合理整合及配置，并促进上游制造业的转型升级。构建 NVC 的过程，面临产业发展动力或主导厂商的选择问题。从理论上讲，在航空、汽车、专业设备制造等资本密集型与技术密集型行业中，核心技术是产业链的发展动力和利润源泉，价值链由那些掌握核心技术的制造商主导；在劳动密集型传统制造业中，市场渠道、品牌管理、制造服务等流通环节，成为价值链的发展动力和主导环节。

京津冀地区，特别是北京和天津，已经有了一批具有全国影响力的大型零售企业、物流企业、专业化市场等流通企业或交易平台，为构建流通主导型价值链奠定了基础。大型流通企业通过完善自身功能，将逐渐实现由商品交易平台向价值链主导者或协调者的角色转换，成为产业发展的引擎和中小制造商转型升级的主导者。

北京和天津的流通主导型企业应增强对消费升级的响应能力，依托国内中高端市场发展创建自有品牌。同时，扩大对河北的投资，将技术含量较高的劳动密集型生产环节转移到河北，创新区域合作机制，形成 RVC 分工与上下游联动的机制，促进以北京为主导在区域内实现产业价值链的分工，构建 RVC 和 NVC。在此基础上，通过跨国经营、海外并购等直接构建 GVC，或通过战略联盟等方式向 GVC 高端攀升。

6.5.2 转移集聚企业共同驱动的升级路径

京津冀区域内转移集聚企业依托国内市场并通过集群间分工构建数条甚至更多条 NVC（以下简称 NVC 群链）的升级路径见图 6-4。传统产业集群通过建立异地工业园区等方式转移劳动密集型生产环节，将释放的要素资源集中投向研发设计、品牌渠道等环节，以促进传统加工型产业集群向创新型集群转型。

京津冀区域内通过建立共性技术和关键技术协同创新平台，促进转移集聚企业间的合作创新，形成产业集群"专有能力"。国家规划指出，要按照京津冀区域整体功能定位和三省市具体的功能定位，合理规划产业布局，着力理顺产业发展链条，优化产业结构，

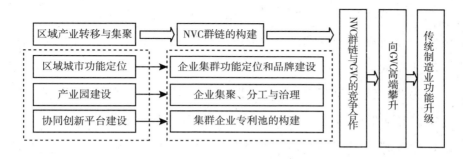

图6-4 转移集聚企业共同驱动的升级路径

形成区域间产业合理分布和上下游联动机制。区域内领导企业依托国内市场形成规模优势，加大对研发的投入，同时在产业园区内通过价值链分工和上下游联动，打造国内自主品牌，形成由本土企业构建的NVC群链。京津冀三地的"链主企业"需瞄准国际前沿技术和产业发展趋势，依托北京的科技资源优势和天津、河北的先进制造业基础，优化产业布局，完善产业链条，打造产业集群，在河北曹妃甸和天津南港建设世界一流的石化基地，在河北黄骅建设华北重要的合成材料和装备制造基地，在天津临港经济区建设高端装备制造产业基地，推进河北和天津的钢铁企业绿色减量重组。"链主企业"通过协调与其他转移进来的企业的分工与治理关系，促进多条RVC集群的形成，进一步提升NVC群链的竞争力。在此基础上，以领导企业为主体的NVC群链参与到国际竞争中，并积极寻求与GVC龙头企业开展战略合作，从而实现从NVC向GVC高端攀升。

6.5.3 区域产业协同创新驱动的升级路径

通过区域产业协同创新来推动本土企业构建NVC，并向GVC高端攀升，是京津冀传统制造业升级的另一重要路径。当前京津冀产业布局缺乏统筹，没有形成相互衔接的产业链条，北京和天津地区的产业过度集中，河北地区的产业过度分散，天津和河北地区沿海产业布局同构化严重。

为此，武玉英等（2014）建立了一个在产业政策驱动下，产业链各环节相互配合，实现区域要素优势互补、主题合作共赢、资源优化配置的京津冀制造业协同创新模型，以实现本区域制造业的转型升级。在此模型基础上，本章结合 RVC、NVC 和 GVC 的治理理论和构建路径（见图 6 - 5），提出了区域产业协同创新驱动的升级路径，从而使京津冀制造业既能在本区域合理布局，并成功构建区域 NVC，又能通过 NVC 主导企业通过协调与其他市场企业间的关系，促进市场间分工和不同治理关系的形成，进一步提升 NVC 群链的竞争力。

要由国家制定区域规划和制造业产业政策，打破行政壁垒，按照市场主导、政府引导、资源互惠、功能互补和融合互动的原则，从全国生产力整体布局出发，明确京津冀三地产业发展定位，引导政府、企业、大学、科研机构等创新主体交流与合作，发挥京津冀三地在要素的比较优势、理顺产业发展链条、加快产业转型升级、推动产业转移对接方面的作用，打造立足区域、面向全国、辐射全球的优势产业聚集区。通过构建 RVC 和 NVC 集群，并与 GVC 上的"链主企业"进行合作与竞争，实现本区域高端制造业向 GVC 高端攀升。具体如下。

北京应优化三次产业结构，产业定位为研发中心和创新中心，突出高端化、服务化、集聚化和融合化，大力发展服务经济、知识经济和绿色经济，加快构建"高精尖"经济结构。

天津不仅拥有一定的科技创新能力，而且具有雄厚的高端制造

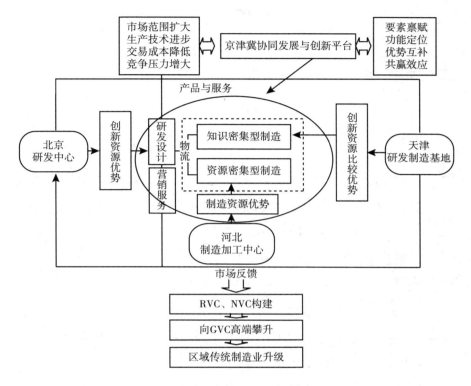

图 6 – 5　区域产业协同创新驱动的升级路径

业基础。产业发展要定位为部分研发和高端装备制造中心，要瞄准世界先进水平打造高端产业集群，推进工业化与信息化深度融合，构建产业创新研究中心等新型研发平台。

河北地域广阔，自然资源丰富，要素成本比天津低，但发展比天津慢。根据《京津冀协同发展规划纲要》，河北的产业布局不能简单地定位为加工制造中心，而应在承接首都产业功能转移和北京、天津的科技成果转化过程中，改造提升传统优势企业，推动产业转型升级，大力发展先进制造业、现代服务业和战略性新兴产业，建设新型工业化基地和产业转型升级试验区。

参考文献

［1］卜伟、谢臻、段建宇：《我国银行产业升级及其影响因素研究》，《宏观经济研究》2016 年第 4 期。

［2］卜伟、易倩：《OFDI 对我国产业升级的影响研究》，《宏观经济研究》2015 年第 10 期。

［3］蔡进：《建立损害预警机制与维护物流产业安全》，《中国物流与采购》2008 年第 15 期。

［4］蔡一帆、童昕：《GVC 下的文化产业升级：以大芬村为例》，《人文地理》2014 年第 3 期。

［5］蔡勇志：《GVC 下我国电子信息产业集群转型升级的思考》，《经济体制改革》2013 年第 5 期。

［6］曹文梁、胡选子：《基于 GVC 的产业升级研究》，《科技管理研究》2012 年第 21 期。

［7］陈建华：《京津冀一体化与金融合作》，《中国金融》2014 年第 2 期。

［8］陈静雅：《基于价值链的区域经济合作与产业升级策略探析》，《商业时代》2013 年第 20 期。

［9］陈向军、田志龙：《我国会展经济发展的问题与对策研究》，《北京工商大学学报》（社会科学版）2001 年第 5 期。

［10］程宏：《世界会展经济发展趋势及借鉴》，《经济纵横》2001

年第 9 期。

［11］ 储祥银：《会展与城市经济间关系研究：以北京为例》，《商业研究》2009 年第 9 期。

［12］ 崔健、刘东、王帆：《金融生态环境与区域经济发展的相关性分析——以京津冀为例》，《西南金融》2012 年第 4 期。

［13］ 崔平、金孟安：《我国会展业现状调查及分析》，《改革与战略》2012 年第 6 期。

［14］ 董金玲：《京津冀都市圈区域合作与北京的功能定位》，《北京社会科学》2008 年第 6 期。

［15］ 杜金岷、田晖：《金融集聚对我国区域产业结构调整的影响——以北京及渤海湾地区为例》，《南方金融》2014 年第 6 期。

［16］ 杜龙政、刘友金：《GVC 下产业升级与集群式创新发展研究》，《国际经贸探索》2007 年第 12 期。

［17］ 杜文宏、黄忠东：《广西电子信息产业转型升级研究》，《广西社会科学》2015 年第 10 期。

［18］ 段文娟、聂鸣、张雄：《GVC 视角下的中国汽车产业升级研究》，《科技管理研究》2006 年第 2 期。

［19］ 方忠：《国内外会展经济理论现状》，《企业经济》2009 年第 4 期。

［20］ 方忠权、刘松萍、林翰：《会展经济研究回顾与未来方向》，《广州大学学报》2012 年第 7 期。

［21］ 高杰英、游蕊：《长三角和京津冀区域金融一体化分析：信贷的扩散与极化》，《经济与管理研究》2015 年第 7 期。

［22］ 耿良：《我国区域金融与区域经济发展的空间分析》，《河北

经贸大学学报》2015 年第 6 期。

[23] 龚晓菊：《区域产业结构调整与金融支持》，《北京工商大学学报》（社会科学版）2009 年第 2 期。

[24] 关娜、吴永祥：《临空产业发展特色与现实探讨》，《南京航空航天大学学报》（社会科学版）2010 年第 3 期。

[25] 郭将、杨芹芹：《上海市金融发展对其产业结构优化的影响研究》，《华东经济管理》2015 年第 2 期。

[26] 侯汉坡、邱菀华：《论北京市的会展产业发展》，《北京社会科学》2004 年第 2 期。

[27] 胡晓：《会展经济与城市发展》，《经济问题探索》2002 年第 6 期。

[28] 黄大勇：《我国会展经济发展的现状、问题与对策研究》，《商业研究》2003 年第 16 期。

[29] 黄群慧：《"新常态"下工业化后期与工业增长新动力》，《中国工业经济》2014 年第 10 期。

[30] 黄晓勤、张小蒂：《浅谈我国会展经济的发展》，《商业研究》2002 年第 1 期。

[31] 贾若伦：《京津冀协同发展：发挥金融资本作用 推动产业升级》，《国际金融》2014 年第 5 期。

[32] 蒋三庚：《CBD 现代服务业企业集群研究》，《首都经济贸易大学学报》2006 年第 5 期。

[33] 蒋志敏、王喜富、李孟刚：《物流产业安全评价方法研究》，《物流技术》2008 年第 10 期。

[34] 荆林波、吕萍：《关注中国物流产业安全》，《中国储运》2008 年第 2 期。

[35] 蓝庆新：《论 GVC 下的电子信息产业集群升级》，《山西财经大学学报》2005 年第 5 期。

[36] 李江帆、曾国军：《中国第三产业内部结构升级趋势分析》，《中国工业经济》2003 年第 3 期。

[37] 李杰：《对会展业带动系数的理性分析》，《经济纵横》2007 年第 9 期。

[38] 李晶玲：《京津冀区域金融发展现状及存在问题研究》，《华北金融》2015 年第 9 期。

[39] 李美云：《论服务业的跨产业渗透与融合》，《外国经济与管理》2006 年第 10 期。

[40] 李孟刚：《中国物流产业安全问题研究》，《中国流通经济》2007 年第 12 期。

[41] 李晓江、王缉宪：《航空港地区经济发展特征》，《国外城市规划》2001 年第 2 期。

[42] 李智玲：《德国会展业发展的新趋势及启示》，《城市问题》2009 年第 5 期。

[43] 李智玲、王树兰：《世界城市背景下北京会展业的目标定位》，《城市问题》2010 年第 12 期。

[44] 梁燕君：《我国会展经济的发展现状及对策》，《商业研究》2004 年第 9 期。

[45] 刘伯超：《基于对外开放环境下的我国物流产业安全问题研究》，《物流技术》2014 年第 7 期。

[46] 刘鹊、施曼、韦倩青：《由 GVC 转向 NVC——我国沿海代工企业产业升级新路径探析》，《现代管理科学》2014 年第 8 期。

[47] 刘仕国、吴海英、马涛、张磊、彭莉、于建勋：《利用 GVC

促进产业升级》，《国际经济评论》2015 年第 1 期。

[48] 刘仕国、吴海英：《利用全球价值链促进产业升级》，《国际经济评论》2015 年第 1 期。

[49] 刘松萍：《国际会展经济扫描》，《中国会展》2003 年第 17 期。

[50] 刘筱柳：《我国会展经济发展战略体系分析》，《软科学》2008 年第 9 期。

[51] 刘玉荣：《从被动嵌入到主动构建——GVC 视角下产业升级的新路径》，《现代经济探讨》2015 年第 10 期。

[52] 刘志彪、于明超：《从 GVC 走向 NVC：长三角一体化与产业升级》，《学海》2009 年第 5 期。

[53] 刘志彪、张杰：《从融入 GVC 到构建国家价值链：中国产业升级的战略思考》，《学术月刊》2009 年第 9 期。

[54] 刘志彪、张少军：《总部经济、产业升级和区域协调——基于全球价值链的分析》，《南京大学学报》（哲学·人文科学·社会科学版）2009 年第 9 期。

[55] 刘志彪：《生产者服务业及其集聚：攀升全球价值链的关键要素与实现机制》，《中国问题研究》2008 年第 1 期。

[56] 刘志彪：《重构国家价值链：转变中国制造业发展方式的思考》，《世界经济与政治论坛》2011 年第 7 期。

[57] 卢明华、李国平：《全球电子信息产业价值链及对我国的启示》，《北京大学学报》（哲学社会科学版）2004 年第 4 期。

[58] 卢明华、李国平、杨小兵：《从产业链角度论中国电子信息产业发展》，《中国科技论坛》2004 年第 4 期。

[59] 卢明华、李丽：《北京电子信息产业及其价值链空间分布特征研究》，《地理研究》2012 年第 10 期。

［60］马涛：《GVC 下的产业升级：基于汽车产业的国际比较》，《国际经济评论》2015 年第 1 期。

［61］马勇、何莲：《城市会展品牌构建与创新策略》，《商业研究》2009 年第 9 期。

［62］毛蕴诗、吴瑶：《企业升级路径与分析模式研究》，《中山大学学报》2009 年第 1 期。

［63］梅述恩、聂鸣：《嵌入 GVC 的企业集群升级路径研究》，《科研管理》2007 年第 4 期。

［64］潘素昆、袁然：《不同投资动机 OFDI 促进产业升级的理论与实证研究》，《经济学家》2014 年第 9 期。

［65］钱方明：《基于 NVC 的长三角传统制造业升级机理研究》，《科研管理》2013 年第 4 期。

［66］尚永胜：《我国现代服务业的发展现状、问题及对策》，《山西师大学报》（社会科学版）2005 年第 5 期。

［67］申明浩、杨永聪：《基于 GVC 的产业升级与金融支持问题研究》，《国际贸易问题》2012 年第 7 期。

［68］宋江飞、张劲松：《产业集群升级中的路径依赖与聚变效应契合分析》，《广西社会科学》2010 年第 8 期。

［69］涂颖清：《新形势下对我国产业升级路径的探讨》，《求实》2011 年第 4 期。

［70］汪淼、周其明：《深圳市电子信息产业优化升级浅探》，《开放导报》2011 年第 6 期。

［71］王发明：《GVC 下的产业升级：以我国光伏产业为例》，《经济管理》2009 年第 11 期。

［72］王国盛、王晨姝、李文玉：《优化区域经济一体化进程中的

金融结构》，《中国金融》2011 年第 8 期。

[73] 王海杰、吴颖：《基于区域价值链的欠发达地区产业升级路径研究》，《经济体制改革》2014 年第 4 期。

[74] 王建平、汤文灿：《GVC 下的我国电子信息产业升级研究》，《交通运输系统工程与信息》2006 年第 6 期。

[75] 王岚、李宏艳：《中国制造业融入全球价值链路径研究——嵌入位置和增值能力的视角》，《中国工业经济》2015 年第 2 期。

[76] 王泠一：《发展上海会展经济的对策研究》，《社会科学》2001 年第 11 期。

[77] 王生辉、孙国辉：《GVC 体系中的代工企业组织学习与产业升级》，《经济管理》2009 年第 8 期。

[78] 王晓文、张玉利、王菁娜：《会展经济效应的作用机制研究：一个以创业活动为传导路径的观点》，《旅游科学》2011 年第 4 期。

[79] 王轶、李凯琳、李晓辉、韩畅、吴难：《首都会展业与区域经济的互动关系》，《北京社会科学》2011 年第 5 期。

[80] 魏士洲：《会展经济发展对北京世界城市建设的影响研究》，《江苏商论》2011 年第 5 期。

[81] 邬春仙、牛小慧：《会展业首都经济的朝阳产业——北京市会展业发展的调查报告》，《调研世界》2003 年第 5 期。

[82] 邬晓霞、李青：《京津冀区域金融一体化进程的测度与评价》，《广东社会科学》2015 年第 5 期。

[83] 吴德进：《福建省电子信息产业转型升级的路径与对策》，《福建论坛》（人文社会科学版）2013 年第 1 期。

[84] 吴丰华、刘瑞明：《产业升级与自主创新能力构建——基于

中国省际面板数据的实证研究》，《中国工业经济》2013 年第 5 期。

[85] 武玉英、李俊涛、蒋国瑞：《京津冀制造业协同创新理论模型及发展对策》，《科技进步与对策》2014 年第 12 期。

[86] 许啸尘、蔡仲芳：《关于会展业与区域产业集群的互动发展》，《中国城市经济》2012 年第 2 期。

[87] 杨欢进、王莺：《中国电子信息产业发展的现状、问题与对策》，《经济与管理》2008 年第 1 期。

[88] 杨亚琴、王丹：《国际化大都市现代服务业集群发展的比较研究》，《世界经济研究》2005 年第 1 期。

[89] 杨勇：《关于会展经济效应若干基本问题的辨析》，《旅游学刊》2009 年第 10 期。

[90] 袁平红、杨静：《基于层次分析法的中国物流产业安全评价指标体系》，《物流科技》2010 年第 1 期。

[91] 岳中刚、刘志彪：《基于渠道控制的国内价值链构建模式分析：以苏宁电器为例》，《商业经济与管理》2011 年第 6 期。

[92] 张纯、诸文峰：《会展经济存在的问题及解决对策》，《经济问题探索》2003 年第 12 期。

[93] 张功让、陈敏姝：《产业融合理论研究综述》，《经济研究》2011 年第 1 期。

[94] 张国胜：《GVC 驱动下的本土产业升级》，《财经科学》2009 年第 6 期。

[95] 张杰、刘志彪：《需求因素与全球价值链形成——兼论发展中国家的"结构封锁型"障碍与突破》，《财贸研究》2007 年第 6 期。

［96］ 张杰、刘志彪：《全球化背景下国家价值链的构建与中国企业升级》，《经济管理》2009 年第 2 期。

［97］ 张娟：《香港会展经济发展及对内地的启示》，《商业研究》2004 年第 16 期。

［98］ 张少军、刘志彪：《GVC 模式的产业转移》，《中国工业经济》2009 年第 11 期。

［99］ 张少军、刘志彪：《产业升级与区域协调发展：从全球价值链走向国内价值链》，《经济管理》2013 年第 8 期。

［100］ 张向阳、朱有为、孙津：《嵌入 GVC 与产业升级》，《国际贸易问题》2005 年第 4 期。

［101］ 张艳辉：《GVC 下长三角产业升级的实证分析》，《上海经济研究》2010 年第 3 期。

［102］ 甄明霞、欧阳斌：《会展经济——城市经济的助推器》，《上海经济研究》2001 年第 6 期。

［103］ 周晓艳、黄永明：《GVC 下产业升级的微观机理分析》，《中南财经政法大学学报》2008 年第 2 期。

［104］ 周煜、聂鸣：《基于 GVC 的中国汽车产业升级路径分析》，《科技进步与对策》2007 年第 7 期。

［105］ 朱晴睿：《从世界工厂到世界服务商：中国的下一个 25 年——我国现代服务业发展模式浅析》，《上海企业》2005 年第 3 期。

［106］ 祝尔娟：《京津冀一体化中的产业升级与整合》，《经济地理》2009 年第 6 期。

［107］ Elisa Giuliani, Carlo Pietrobelli and Roberta Rabellotti, "Upgrading in Global Value Chains: Lessons from Latin

American Clusters", *World Development*, 2005, 4.

[108] G. Gereffi, "Shift in Governance Structures in Global Commodity Chains, with Special Reference to the Internet", *American Behavior Scientist*, 2001, 44 (10).

[109] G. Geriffi, "Development Models and Industrial Upgrading in China and Mexico", *European Sociological Review*, 2009, 1.

[110] G. Geriffi, "International Trade and Industrial Upgrading in the Apparel Commodity Chain", *Journal of International Economics*, 1999, 1.

[111] Humphery J., Schmitz H., "How does Insertion in Global Value Chains Affect Upgrading Industrial Clusters", *Regional Studies*, 2002, 36 (9).

[112] Kaplinsky, R., "Globalization and Unequalisation: What can he Learned from Value Chain Analysis", *Journal of Development Studies*, 2000, 37 (2).

[113] Luiza Bazan, Aizbeth Navas Alemán, "The Underground Revolution in the Sinos Valley: A Comparison of Upgrading in Global and National Value Chains", In Hubert Schmitz, eds, *Local Enterprises in the Global Economy: Issues of Governance and Upgrading*, 2004.

[114] P. Gibbon, "Upgrading Primary Production: A Global Commodity Chain Approach", *World Development*, 2001, 2.

[115] UNIDO, "Industrial Development Report 2002: Competing through Innovation and Learning", United Nations Industrial Development Organization, 2002.

图书在版编目（CIP）数据

北京产业安全与发展研究报告. 2015/北京产业安全与发展研究基地编. -- 北京：社会科学文献出版社，2016. 12

ISBN 978 - 7 - 5201 - 0065 - 6

Ⅰ. ①北…　Ⅱ. ①北…　Ⅲ. ①产业 - 安全 - 研究报告 - 北京 - 2015 ②产业发展 - 研究报告 - 北京 - 2015　Ⅳ. ①F127. 1

中国版本图书馆 CIP 数据核字（2016）第 300545 号

北京产业安全与发展研究报告（2015）

编　　者 / 北京产业安全与发展研究基地

出 版 人 / 谢寿光
项目统筹 / 周　丽　冯咏梅
责任编辑 / 冯咏梅

出　　版 / 社会科学文献出版社·经济与管理出版分社（010）59367226
　　　　　　地址：北京市北三环中路甲 29 号院华龙大厦　邮编：100029
　　　　　　网址：www. ssap. com. cn
发　　行 / 市场营销中心（010）59367081　59367018
印　　装 / 北京季蜂印刷有限公司

规　　格 / 开　本：787mm × 1092mm　1/16
　　　　　　印　张：15. 25　字　数：181 千字
版　　次 / 2016 年 12 月第 1 版　2016 年 12 月第 1 次印刷
书　　号 / ISBN 978 - 7 - 5201 - 0065 - 6
定　　价 / 75. 00 元